高素质农民培训系列教材

农药经销员培训教材

陈中建　顾　菁　汪　治　主编

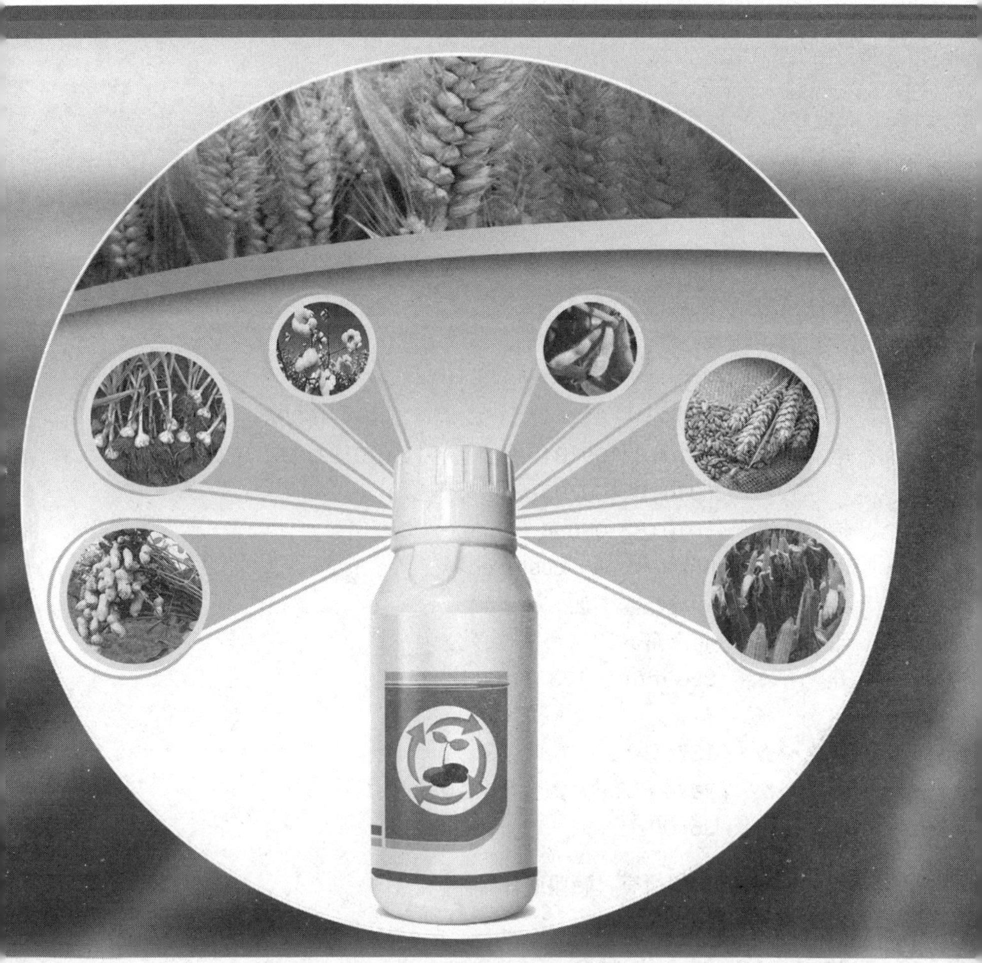

中国农业科学技术出版社

图书在版编目（CIP）数据

农药经销员培训教材 / 陈中建，顾菁，汪治主编 .—北京：中国农业科学技术出版社，2020. 11

ISBN 978-7-5116-5021-4

Ⅰ. ①农…　Ⅱ. ①陈…②顾…③汪…　Ⅲ. ①农药-经销-技术培训-教材　Ⅳ. ①F767. 2

中国版本图书馆 CIP 数据核字（2020）第 177443 号

责任编辑　崔改泵　张诗瑶
责任校对　贾海霞

出 版 者　中国农业科学技术出版社
北京市中关村南大街 12 号　邮编：100081
电　　话　(010)82109194(编辑室)　(010)82109702(发行部)
(010)82109709(读者服务部)
传　　真　(010)82109698
网　　址　http://www. castp. cn
经 销 者　各地新华书店
印 刷 者　北京富泰印刷有限责任公司
开　　本　850 mm×1 168 mm　1/32
印　　张　6. 5
字　　数　187 千字
版　　次　2020 年 11 月第 1 版　2020 年 11 月第 1 次印刷
定　　价　35. 00 元

《农药经销员培训教材》

编 委 会

主　编　陈中建　顾　菁　汪　治

副主编　陈金荣　陈　波　王正清　王英俊

　　　　梅文娟　徐　卫　郭　飞　梅　盛

　　　　姚双喜　王小燕

前　言

我国地域复杂、病虫害种类繁多，气候、环境、种植结构、耕作制度、栽培方式不同，病虫害的发生种类、发生面积和为害程度也不同。

化学防治法是使用农药防治动植物病虫草鼠害的方法。农药具有高效、速效、使用方便、经济效益高等优点，但使用不当可对动植物产生药害，引起人、畜中毒，杀伤有益生物，导致有害生物产生抗药性，农药的高残留还会造成环境污染。因此，推进农业绿色发展是农业发展观的一场深刻革命，也是我国农业发展方式的战略选择。

农药作为特殊商品，其技术性和区域性较强，在营销端不同于快消品多多益善，尤其农药“双减”政策提出以后，应该将减量、增效、提质、增收作为营销目的。同时，我国地域辽阔，各地农业病虫草鼠害发生差异较大，防治方法要因地制宜，书中内容仅供参考。建议读者在阅读本书的基础上，结合当地实际情况和病虫草鼠害防治经验进行试验示范后再推广应用，切勿机械性地照搬本书内容，避免因错误使用农药而造成药害和药效问题。

本书共 6 章，包括农药基础知识、科学施药技术、常见农药类型、农药经营管理、产品要求及档案、农药营销策略等内容。本书通俗易懂、科学实用，适合农药经销人员参考使用，也可供各级农业技术人员和广大农民阅读参考。

由于作者水平有限，书中不当之处，恳请各位专家和读者批评指正。

编　者

目　　录

第一章　农药基础知识

第一节　农药的概述

一、农药的定义

按《中国农业百科全书·农药卷》的定义，农药主要是指用来防治为害农林牧业生产的有害生物（害虫、害螨、线虫、病原菌、杂草及鼠类）和调节植物生长的化学药品，但通常也把改善有效成分物理、化学性状的各种助剂包括在内。

事实上，农药不仅应用在农业上，而且许多农药也是卫生防疫、工业品防腐、防蛀和提高畜牧产量等方面不可缺少的药剂。因而，随着科学的发展和农药的广泛应用，农药的含义和所包括的内容也在不断地充实和发展。广义的农药还包括有目的地调节植物与昆虫生长发育、杀灭家畜体外寄生虫及人类公共环境中有害生物的药物。

从长远的观点和站在植物生理性病害防治的角度来考虑，化学肥料和一些能提高植物抗逆性的化学物质也可以纳入农药的范畴。概括地说，凡是可以用来保护和提高农业、林业、畜牧业生产以及用于环境卫生的药剂，都可以称为农药。

二、农药的特性

（一）物理性质

水溶性强的农药易在土壤中被淋溶。毒性高的农药易引起地下水污染，土壤处理用的除草剂则易产生药害；脂溶性强的除草剂，土壤处理时不易被淋溶，可以很好地封闭土表，控制杂草生长，在降水多的地方使用更能发挥其药效，而不至于产生药害；挥发性强的农药在密闭条件下使用更能发挥药效，否则药效较差。

（二）化学性质

农药需要一定的化学稳定性来保证一定的持效性，否则很难实际应用。化学稳定性差则防效差；化学稳定性太强，则会造成严重的环境污染，最终危害人体健康。

（三）毒性

农药大多有一定急性毒性，特别是一些杀虫剂、杀鼠剂品种甚至有高毒性。但只要科学使用，也不至于出现人、畜中毒问题。不同作物及同一作物的不同生长发育期用药，对农药毒性的要求都有严格的规定。有慢性毒性的农药，一般被禁用。高毒性农药，如克百威、甲胺磷、对硫磷、甲拌磷、涕灭威等不能用于蔬菜、果树、茶叶、中草药等作物，因为使用时其残留量容易超标，食用后会造成急性或慢性中毒。

（四）生物活性特点

使用具有胃毒作用的杀虫剂时，必须使害虫取食到足够的药剂。因此，必须喷洒均匀、充分覆盖作物，使其易于被害虫取食而杀死害虫；使用具有触杀作用的药剂时，必须使害虫接触到足够的药剂，才能得到良好的防效；使用内吸杀虫剂时，以根系吸收为主的可进行种子处理或根施，以茎叶吸收为主的可进行涂茎或茎叶喷雾。具有杀卵作用的杀虫剂，在卵盛期使用能充分发挥其药效，在幼虫期使用效果就差一些。

杀菌剂和除草剂的使用，受其药剂生物活性特点的约束就更大。如保护性杀菌剂只能在病原菌侵染前使用，且要求全面覆盖保护作物。非选择性除草剂要在栽培作物田使用，必须有严格的选择性措施，使药剂与杂草接触而不伤及作物；对选择性除草剂，因其作用方式和作用部位不同，使用方法和使用时期也有严格的区别。

三、农药的作用

农药一般包括以下几方面的作用。

(1) 防治为害农作物、林木、家禽、家畜、水产和仓库物资的害虫。

(2) 防治为害植物、动物的真菌和细菌等病原微生物。

(3) 消灭杂草。

(4) 防治鸟害、兽害。

(5) 控制和调节动植物的生长。

一般从实际应用来说，农药的作用主要是前3种，不过近年来在调节动植物生长方面也有很大发展。

第二节　农药剂型及农药喷雾助剂

一、主要农药剂型及其质量标准

常见的农药剂型有固态剂型、液态剂型、胶态剂型和气态剂型。在购买农药前要根据有害生物的特点选择合适的农药剂型。固态剂型外观是固体形态，如粉剂、可湿性粉剂、可溶性粉剂、干悬浮剂、粒剂、烟剂等。虽然都是固态剂型，但用途和用法各不相同。液态剂型包括乳油、乳剂、悬浮剂、水剂、油剂等，液态剂型大多可喷雾使用，但有的需要稀释配制后喷雾，有的不需要配制可以直接喷洒，如油剂。

(一) 粉剂

粉剂（DP）的组分主要有农药原药、填料（稀释作用）、分散剂（便于喷撒）等，是一种不需要稀释可以直接使用的剂型，主要用途是喷粉、拌种、土壤处理等。粉剂根据用途不同，可以分为供直接喷粉使用的普通粉剂、撒在污水表面防治蚊子幼虫的浮游粉剂、撒在鼠道上防治老鼠的追踪粉剂以及专供拌种用的拌种粉剂和用于温室大棚的粉尘剂等。

供拌种用的粉剂对粉粒细度要求很高，以便于粉粒牢固地黏附在种子表面，所以作为农药商品，也特称为拌种剂。用于温室大棚的粉剂，要求在棚室空间能形成较稳定的飘尘，则特称为粉尘剂。粉剂的细度直接影响粉剂的药效，一般来说，粉剂细度越大，即粉粒越细，药效越好；但细度太大，在大田使用时容易引起飘移污染。所以现在有一种供大田使用的粉剂，粒径较大，称为抗飘移粉剂（DL 粉）。

中国粉剂的粒径大小是95%通过200目筛，即95%的粉粒粒径小于75μm；日本的标准是98%通过320目筛，即98%的粉粒粒径小于46μm；欧美的标准是98%通过325目筛，即98%的粉粒粒径小于44μm。粉剂外观应是自由流动的粉末，不应有团块。

（二）可湿性粉剂

可湿性粉剂（WP）的组成主要有农药原药、填料、润湿剂等，这种剂型可以被水湿润，在水中形成相对稳定的悬浮液，供喷雾使用。可湿性粉剂中的润湿剂是一种表面活性剂，使可湿性粉剂具有一定的湿润性和分散性，兑水后喷洒到固体表面可以很快润湿固体表面，并在固体表面上铺展，形成一层均匀的药膜，对作物表面或其他固体表面覆盖良好，保证了药效。可湿性粉剂粉粒粒径的大小直接决定了兑水后所形成的悬浮液的悬浮性和稳定性，粒径越小，悬浮性越好，越稳定；粒径大，悬浮性和稳定性差，在喷洒时容易沉淀，堵塞喷雾器。

可湿性粉剂对原药、填料的理化性质要求不高，一些既不溶于水也不溶于一般有机溶剂的原药均可加工成可湿性粉剂。该剂型相对于乳油来说，具有包装简单、便于运输、毒性小、不含有机溶剂、对环境污染轻等优点；但是，可湿性粉剂在配制药液时要注意，由于是粉状农药，所以从包装物倒出时，要佩戴口罩，以防飘扬起的粉尘吸入体内而发生中毒事件（图1-1）。

中国可湿性粉剂的主要质量指标：一是润湿性，润湿时间不超过120s；二是悬浮率在70%以上；三是细度，95%或98%以上

图示裸胸、裸手、裸脚、不戴面罩或口鼻罩

图 1–1　配制药液时的错误状态

的颗粒通过筛。可湿性粉剂外观应是流动的粉末状物质，不应出现粉粒团聚、结粒、结块现象，否则影响药粉取用。

（三）颗粒剂

颗粒剂（GR）的组成主要有农药原药、载体、黏结剂等，加工成固体不同形状的颗粒，可以是小粒圆球形、小短圆柱形或碎块形（块粒剂）。颗粒剂按照遇水后的解体性可分为崩解型颗粒剂和非崩解型颗粒剂。颗粒剂是一种低毒化剂型，使用时是直接撒施颗粒，不需要喷雾，减少了人及环境中的有益生物与农药接触的机会，是一种环保剂型。许多高毒农药制成颗粒剂使用，使高毒农药低毒化，如涕灭威、克百威（呋喃丹）等，目前只有颗粒剂一种剂型，使用起来只要佩戴一副手套就可以保证安全。但有的人将颗粒剂泡水后喷雾使用，这样做是绝对不允许的。高毒农药做成颗粒剂是为了低毒化使用，而克百威、涕灭威等高毒农药喷雾危险性极大，极易发生中毒死亡事件；另外，颗粒剂的加工成本较高，泡水喷雾也不划算。颗粒剂虽是一种低毒化剂型，但毕竟是固体，在包装、运输和使用过程中，会有一些粉粒从颗粒上脱落，在倾倒时易发生飞扬，被操作者吸入体内，有中毒危险，所以在使用时也应戴口罩和面罩。

颗粒剂的主要质量指标：一是粒度，90%（质量）达到粒度规格标准；二是颗粒完整率在85%以上，即破碎率应小于15%；三是有效成分从载体上脱落率（粉状）在5%以下。

颗粒剂一般用于直接撒施、局部用药或全田用药均可。可随施肥、中耕等施于田间。播种前与肥料一起撒施于田间，再翻耕混入土中即可。

（四）干悬浮剂

干悬浮剂（DF）是可湿性粉剂和悬浮剂的衍生剂型，其组成与可湿性粉剂大体相似，但是粒径要小很多，与悬浮剂相当，所以药效高于可湿性粉剂。对于一些价格昂贵、药效高、加工成可湿性粉剂不能完全发挥其性能的农药原药，可加工成悬浮剂使用。但悬浮剂包装运输不方便、在寒冷地区易结冰，所以加工成干悬浮剂以克服这些缺点。干悬浮剂与可湿性粉剂一样，容易发生粉尘飘扬，所以配制农药药液时要注意防护。使用方法同可湿性粉剂。国外将水分散粒剂归属于干悬浮剂。

（五）水分散粒剂

水分散粒剂（WDG）是一种喷雾用剂型。这种剂型也是固体颗粒状，但它不是直接使用的粒剂，而是兑水后制成悬浮液供喷雾用的剂型。其组成与可湿性粉剂大致相同，只是添加了黏结剂，使各组分成形造粒。其是可湿性粉剂的一种衍生剂型，克服了可湿性粉剂倾倒、配制时易发生粉尘飘扬的缺点。市场上有些水分散粒剂在水中的悬浮性、稳定性和分散性都远远超过了可湿性粉剂。

水分散粒剂由原药、润湿剂、分散剂、隔离剂、稳定剂、黏结剂、填料或载体组成，入水后即迅速崩解并在水中形成良好的悬浮液。有效成分含量一般比较高，多在70%以上，另外，制剂不含水，储存稳定性高，流动性好，计量方便。

（六）可溶性粉剂

可溶性粉剂（SP）的组成主要有农药原药、填料等，是一种可溶于水、在水中形成真溶液的剂型。可溶性粉剂有效成分一般含量较高，在50%以上，有的高达90%，如晶体敌百虫、敌百虫原粉等。但可溶性粉剂中表面活性剂（如润湿剂）含量很少或根本没有，所以在使用时注意添加润湿剂，否则润湿性不够，药液喷洒到作物表面后容易流淌，很难在作物表面形成有效的药膜。市场上可以买到相应的喷雾助剂，在施药时添加到药液中，增加药液的润湿性，提高在作物表面上的湿润展布能力。

可溶性粉剂的主要性能指标是在水中的溶解时间，全溶解时间一般为2~3min。由于该剂型的原药为水溶性，易吸湿结块，应特别注意防湿包装和在干燥条件下储存。

（七）微胶囊剂

微胶囊剂（MC）又称微囊剂，是利用天然的或合成的高分子材料，将固体或液体农药包覆而成的直径为30~50μm的微小胶囊，外观粉末状。微胶囊包括囊壁和囊芯两部分，囊芯是农药有效成分，囊壁是成膜的高分子材料。农药上常见的剂型是微胶囊悬浮剂（CS）。微胶囊剂是一种缓释剂，即微囊中的农药有效成分通过囊壳缓慢释放出来，可以使药剂的持效期延长。它也是一种安全剂型，毒性较高的农药采取微囊剂可以减少对施药人员的毒性风险。

微囊剂稀释液的悬浮率要求在50%~70%，少数产品要求80%。

（八）烟剂

烟剂（FU）是一种特殊用途的剂型，可以用火点燃而发烟，属于易燃品。烟剂是由化学发热剂、燃烧剂、消燃剂和农药有效成分组成。化学发热剂与燃烧剂的混合，在受热后就可能发生连锁反应而产生很高的热量，使农药汽化。热的气态农药喷入空气中后迅速冷却，重新凝聚成为固态微粒。微粒的细度可达1μm以下，因此能在空气中长时间悬浮和扩散运动，形成烟云。可以制备烟剂的农药有限，必须在高温下稳定的农药才能加工成烟剂使用。烟剂使用时要求满足一定的条件，即相对密闭的空间。设施农业栽培措施使烟剂得到了广泛应用。

农药烟剂的质量指标之一是成烟率。以烟剂燃烧时农药有效成分在烟雾中的含量与燃烧前烟剂中农药有效成分含量的百分比表示。烟剂有效成分成烟率要求大于80%，蚊香有效成分成烟率要求大于60%。

（九）饵剂

饵剂（RG）即人们常说的毒饵剂，是将农药有效成分与有害生物喜食的饵料混合，或加入引诱剂，制成的能够诱引有害生物前来取食的一种剂型，可以是片状、粒状、粉状或其他不同形态。常见的各类杀鼠剂都是饵剂。在农业生产上经常用的防治陆生有害软体动物如蜗牛、蛞蝓等的四聚乙醛颗粒剂，实质上也是一种饵剂。四聚乙醛对陆生软体动物有很强烈的引诱作用，但它必须被蜗牛、蛞蝓取食后才能发挥作用，几乎没有触杀作用。

毒饵剂也是一种直接使用的剂型。撒施在有害动物经常出没的地方即可。但撒施杀鼠剂要注意对其他动物的安全性，以防其他动物误食发生中毒事件。

（十）乳油

乳油（EC）主要组分有农药原药、有机溶剂、乳化剂等，兑水后形成均匀的乳状液供喷雾、泼浇使用。所谓乳状液就是细小的油珠分散在水中，形成外观是乳白色液体的稳定状态的液体。乳油根据兑水后形成的乳状液的物理状态可分为3类。

（1）可溶性乳油。其农药原药溶于水，在水中可以形成透明的真溶液，农药原药以分子状态分散在水中。这类乳油中乳化剂用量极少或者不含乳化剂，所以使用后对固体表面的润湿性不够，要注意添加表面活性剂使用。

（2）溶胶状乳油。兑水后形成清乳状的乳状液，油珠颗粒较小，可小于0.2μm，有着良好的乳化性、分散性和稳定性。

（3）乳浊状乳油。兑水后形成浓乳白色乳状液，分散在水中的油珠颗粒在 0.2~10μm，乳化性、分散性和稳定性一般合格。

一些过期的乳油，兑水后形成的乳状液为苍白色，乳化性、稳定性不合格，分散在水中的油珠颗粒一般大于 10μm。这种乳状液放置一段时间可能出现上有浮油、下有沉淀的现象，使用后会有严重药害，或者药效不均匀，应严禁使用过期的乳油。

在农药剂型中，乳油是一种相对高效的剂型。其中含有的有机溶剂、乳化剂等农药助剂均可提高农药对有害生物表面、作物表面的穿透性，提高药效。但是乳油的许多缺点也是由有机溶剂引起的。乳油中由于使用了有机溶剂，使其在包装、运输和使用过程中安全性降低。因其易燃、易爆、毒性高、对作物安全性降低而易产生药害、对环境不友好等，所以乳油是一种受限制的剂型，在欧盟地区含有苯类有机溶剂的乳油禁止使用；使用了这种乳油的农产品也禁止在欧盟地区销售。乳油的衍生剂型有水乳剂和微乳剂等以水为基质的剂型。

中国制订的乳液稳定性测定标准为：乳油经用 342mg/L 标准硬水稀释 200 倍，搅匀后放入 100mL 量筒中，在 25~30℃静置 1h 观察，应没有浮油、沉油或沉淀析出。

（十一）水（浓）乳剂和微乳剂

水乳剂（EW）的组成主要有亲油性的农药原药或低熔点固体原药、少量水不溶的有机溶剂、乳化剂、增溶剂和水等，外观是不透明的乳白色液体。避免了乳油中大量使用有机溶剂的缺点。农药原油以小油珠（粒径小于 10μm）的形式分散在水中，实质上是一种乳状液。水乳剂的含量一般为 20%~50%。

微乳剂（ME）在外观上是透明的液体，其组成与水乳剂大致相同，但分散在水中的农药油珠颗粒更小（粒径为 0.01~0.1μm），属于胶体范围，药效更高，可以与乳油媲美。微乳剂有效成分含量一般在 5%~50%。

主要质量要求：水乳剂外观是稳定的乳状液，允许少量分层，轻微摇动或搅动应是均匀的；稀释成一定倍数的乳状液的稳定性应该上无浮油下无沉淀。微乳剂外观为稳定透明的均相液体；与水可以任意比例混合，稀释液透明，无油状物和沉淀。

水乳剂和微乳剂避免了使用大量的有机溶剂，所以克服了乳油的缺点，是一种环境友好农药剂型。二者的使用方法同乳油，主要是兑水喷雾用。

（十二）悬浮剂

悬浮剂（SC）的主要组成有农药原药、矿物填料、润湿剂、分散剂、黏稠剂和水，外观是浑浊的悬浮液。一些价格昂贵、药效高的农药原药加工成可湿性粉剂不能完全发挥其性能，而悬浮剂的粒径较小，中国国家标准是小于 15μm，欧美标准是小于 5μm，均径为 2~5μm，可以使农药药效得到充分发挥。悬浮剂也是一种兑水喷雾用剂型。

悬浮剂的主要质量指标是，外观为黏稠的可流动性悬浮液体，悬浮率一般要求在两年储存期内不低于 90%；倾倒性合格。

（十三）气雾剂

气雾剂（AE）由农药原药、溶剂和喷射剂等组成，市场上的气雾剂都有特定的包装，可直接使用，不需要其他器械。主要用于防治蚊子、苍蝇等卫生害虫，农业有害生物的防治很少用到气雾剂。

（十四）水剂

水剂（AS）是农药原药的水溶液剂型。一些易溶于水且在水中理化性质稳定的农药原药可以直接加工成水剂使用。水剂的组成主要有可溶于水的农药原药、水及少量表面活性剂、防冻剂等，药剂以分子状态或离子状态分散在水中形成的真溶液制剂。水剂的使用方法同乳油和乳剂，兑水进行常量喷雾。

（十五）可溶性液剂

可溶性液剂（SLX）是由原药、溶剂、表面活性剂和防冻剂组成的均相透明液体制剂，用水稀释后有效成分形成真溶液。一些农药原药可以溶于水，但是在水中不稳定，易分解失效，不能加工成水剂，但可以加工成可溶性液剂。可溶性液剂的组成有可溶于水的农药原药、大量亲水性的极性溶剂、增溶剂、乳化剂等，外观与微乳剂和水剂一样，清澈透明。可溶性液剂的使用方法是兑水作常量喷雾。但是，这种剂型加入了大量极性有机溶剂和多种助溶剂和乳化剂，除非特殊需要，不建议在大田中使用。这种剂型与水剂和浓乳剂、微乳剂的根本区别在于并非水基化剂型。

（十六）油剂或超低容量喷雾剂

油剂（OL）是农药原药的油溶液剂型，其组成主要有农药原药、油溶剂及助溶剂或化学稳定剂。这种剂型专供超低容量喷雾用，所以又称超低容量喷雾剂（ULV）。该剂型一般含有效成分20%~50%，使用时不需要稀释，直接喷洒。超低容量喷雾剂的使用需要超低容量喷雾器，常见的背负式喷雾器不能使用该剂型。由于机械的限制，在农村这种剂型不常见。

另外一种油剂剂型，必须配套使用烟雾机，又称热雾剂。药剂在烟雾机的烟化管内与高温高速气流混合，立即喷射，形成雾（液态原药）或烟（固态原药）。

（十七）种衣剂

种衣剂（SD）是含有成膜剂的专用种子包衣剂型，处理种子后可在种子表面形成牢固的药膜。国内目前常见的是悬浮种衣剂和干粉种衣剂两种。种衣剂的特点是针对性强、高效、经济、安全、持效期长，具有防病、防虫、增加微肥和调整种子粒径的作用。种衣剂不是特定的剂型。它是由原药加助剂构成一定的剂型，再加成膜剂和警戒色，如悬浮种衣剂、干粉种衣剂等。种衣剂中的成膜剂，即黏结剂，多为高分子聚合物，透水性、透气性好，成膜快，不易脱落。

种衣剂对种子的处理多为机械操作，流水作业。农户利用种衣剂自行包衣种子时，一定要将种子包裹均匀，按照标签说明进行操作，如果包衣不匀，可能对种子萌芽造成影响，一定要慎重。

种衣剂的质量指标为：种衣剂的细度直接影响成膜质量，对悬浮种衣剂要求95%粒径≤2μm，98%粒径≤4μm；成膜性是衡量种衣剂质量的重要指标，其好坏影响种子包衣质量。好的种衣剂在自然条件下进行包衣后，能迅速固化成膜，并牢固附着在种子表面，不脱落、不粘连、不成块。固化成膜时间一般不超过15min，种衣剂脱落率不高于0.7%。

二、农药喷雾助剂

农药助剂是在农药中添加的可以显著改善或提高农药性能的物农药助剂可以分为两类，即农药加工助剂和农药喷雾助剂。农药加工助剂是在农药加工过程中添加到有效成分中的物质，这些物质可以使农药制剂便于混合和使用，提高农药的安全性和药效，改善农药在靶标上的沉积性，如表面活性剂、润湿剂、乳化剂、助溶剂、展着剂、黏着剂、分散剂等；农药喷雾助剂是在农药使用时现场添加到药液中用以提高有效成分活性及改善药液物理性能的任何物质，为了与农药制剂中加入的助剂相区别，称为农药喷雾助剂。

（一）农药喷雾助剂分类

农药喷雾助剂又称为桶混助剂，从用途上可以分为两大类，即活性助剂和特殊用途助剂。

1. 活性助剂

活性助剂包括表面活性剂、润湿剂、油基类、黏着剂和穿透剂。主要作用是提高药滴在靶标上的铺展性、提高抗雨水冲刷能力以及提高植物的吸收能力。其原理是通过改变药液的理化性质如药液的黏稠度、表面张力和溶解性来提高药液的性能。一般认为这类喷雾助剂（生产上称为增效助剂）的应用是帮助喷洒液在靶标（作物体或有害生物体）上牢固地附着并能滞留一定时间。

（1）表面活性剂类喷雾助剂。广义的表面活性剂能够改善农药的吸附性、乳化性、分散性、铺展性、黏着性、润湿性和穿透性，所以这类化合物也称作润湿剂、展着剂。一种农药要发挥其药效必须湿润植物叶面并在叶片上平稳地展布，而植物表皮疏水性的蜡质层是农药铺展、停留和穿透的主要障碍。表面活性剂可以通过在药水和蜡层间起一个桥梁作用或者改变植物叶表皮的渗透性来克服这种障碍，并且可以使农药的覆盖面积增大，因此提高有害生物与农药接触的机会。在叶片蜡层厚或多毛的植物上喷雾时，表面活性剂显得尤为重要。如果药液中没有合适的润湿剂和展着剂，药滴可能流失或叶片不能被充分覆盖。

（2）黏着剂。黏着剂是一种能够提高固体颗粒在靶标表面上的黏附性的助剂。黏着剂通过提高农药固体颗粒与靶标间的黏着性而提高农药在靶标上的停留时间。其主要用途是减少农药因降水、灌溉、风和叶片间的摩擦而引起的农药流失、散失等浪费现象。黏着剂还可以减少农药蒸发和紫外线降解。许多助剂产品中包括一种润湿剂和一种黏着剂（一种胶乳或其他不干胶），制成具有通用用途的产品，即分散—黏着剂。分散—黏着剂作为通用助剂用于杀虫剂、杀菌剂。商品制剂有基于胶乳的产品如 Bond 和 Nufiln。

（3）渗透剂和超级展着剂。渗透剂和超级展着剂皆为表面活性剂，这些表面活性剂可以提高某些农药对植物的渗透性。可能对一种农药来说，一种渗透剂只能提高对一种植物的渗透性。提高渗透性可以提高内吸输导型除草剂、激素类除草剂和内吸性杀菌剂的药效。有机硅类是超级展着剂。用于除草剂商品的有机硅超级展着剂有 Penetra、Brushwet 和 Pulse。国外研究开发了“改进有机硅”，适合于在果园、大田作物中使用。与传统的有机硅相比，“改进有机硅”对植物毒性小且可用于触杀型除草剂，它能够降低喷雾量，提高覆盖面积和药效，减少雾滴飘移，改善药液的穿透性。改进的商品有机硅超级展着剂包括 Du-Wett 和 Bond Xtra。

（4）消泡剂。由于某些剂型中含有表面活性剂，在喷雾时喷雾罐内药液又在不断搅动，因此很容易产生泡沫。使用时可以在药液中加入少量的消泡剂来消除泡沫。消泡剂也是一种表面活性剂。

(5) 油基类喷雾助剂。油基类助剂能够增加药液的黏度、降低表面张力、溶解叶片表面蜡质层，从而增加药液的覆盖面积，提高药液的附着性和穿透性；还可增加雾滴直径，减少易飘移的小雾滴数，提高农药的利用率，并能降低因飘移引起的环境污染等问题。

2. 特殊用途喷雾助剂

特殊用途喷雾助剂包括缓冲剂、酸化剂、抗飘移剂和诱食剂等。常用于改变喷雾液的物理环境，使农药剂型能有效地发挥其功能，有些情况下也可能改变喷雾液的物理性质。

(1) 缓冲剂和酸化剂或 pH 改变剂。是一类含有磷酸盐的用于调节喷雾液 pH 值的助剂。一般来说，农药在弱酸性至中性环境即 pH 值为 5~7 的溶液中更稳定。pH 值高于 7，农药可能发生碱解，溶液的 pH 值越高，降解发生的可能性就越大。缓冲剂可以降低碱性溶液的 pH 值，并保持溶液的 pH 值在一定范围内稳定不变，即使水的酸碱性发生变化，药液的 pH 值也不变。酸化剂可中和碱性溶液，降低 pH 值，但不能使溶液保持恒定的 pH 值。商品缓冲剂和酸化剂包括 Companion、L1-700 和 AP700。Primabuff 是一种多功能助剂，其中含有一种缓冲剂。有些农药本身易碱解，在制剂中可能混有一种缓冲剂。

(2) 水质调节剂。这类助剂具有结合硬水中钙镁离子的能力。喷雾液中这些离子过多可能与敏感的农药发生反应产生沉淀，影响药液在植物表面上的湿润性和分散展布性。农药级硫酸铵常用于软化水质，特别是对弱酸性除草剂（如草甘膦等）药效的提高非常有用。用于解决硬水问题的商品制剂有 Liquid Boost 和 Liase。这类助剂一般推荐用于特定的农药上。

(3) 抗飘移剂。飘移是小雾滴的特点，小于 100μm 的雾滴都可能发生飘移。抗飘移剂或助沉积剂能够增大雾滴的平均粒径，改善农药雾滴在靶标上的沉积。在敏感地点（附近有敏感动物和植物，如蜜蜂等）周围施药时，使用抗飘移剂减少飘移非常重要，即使造成药效的轻微降低也是值得的。

（4）增稠剂。顾名思义，增稠剂能够提高喷雾液的黏度。其作用是控制雾滴飘移和降低沉积到靶标上的药液的蒸发速度。应用内吸性农药防治有害生物时，降低蒸发速度非常重要，因为农药只有在药液中才能渗透到植物内部。一旦水分蒸发完毕，任何没有被吸收的农药都会遗留在叶片表面，只有重新溶解后才能被植物吸收。

（5）相容剂（又称掺合剂）。喷洒农药时常常几种农药或者农药与肥料混合使用。但是有些农药间或农药与化肥间的混合使用，可能产生物理不相容和化学不相溶现象，造成药液黏稠凝结、沉淀、分层，以至于有时这种不相容的药液可能堵塞药泵和喷洒管道，难于维修和清洗。

在药液中添加相容剂前一定要仔细阅读标签，最好在一个小的容器中做一下相容性试验以测定混合药液的稳定性。试验时将农药依次序添加到水中，最后加入相容剂，摇匀，然后静置一定时间（15~30min），查看药液是否凝聚、结块、分层、粘连和放出热量等。上述任何现象发生，都说明药液混合体系不相容，应重新选择相容剂。

（二）正确选择和使用喷雾助剂

在选择农药喷雾助剂时需要考虑的因素有很多，以下是一些应该注意的事项。

（1）选择专门开发用于农业、林业的农用喷雾助剂，不要使用一般的工业产品或家庭用洗涤剂，以免影响农药的活性。有人用家庭用洗衣粉或洗洁精（二者都是表面活性剂）作为喷雾助剂，这种做法欠妥当，因为家庭用的洗涤剂多是复合配方，可能碱性较大，或者加入了一些能使农药有效成分分解的组分。

（2）许多农药剂型已经含有提高农药性能的必要助剂，这些农药剂型的标签中一般不会提到要使用喷雾助剂。

（3）确保将要使用的喷雾助剂已做过完整的药效试验，有疑问或不确定的产品要小范围试验后再大面积使用。

（4）特定的农药需要特定类型的助剂，在使用时要正确选择助剂。例如，当农药标签上推荐使用的是非离子型表面活性剂时，就不要选用阴离子型的表面活性剂。对用于茎叶处理的保护性杀菌剂和触杀性农药，不要使用能提高对植物表皮穿透性的喷雾助剂。另外，一种润湿剂可能只适合一种农药，如果是多种农药混合使用，在使用前要仔细阅读每种农药的标签，以获得有关信息。

（5）推荐的农药喷雾助剂可能因剂型的变化而发生变化，或因施药技术和程序的改变而改变。

（6）并非在任何喷雾情况下都需要农药喷雾助剂，了解在什么情况下不需要农药喷雾助剂与了解在什么情况下需要农药喷雾助剂同等重要。喷雾助剂加入喷雾液中后其性能可能受到农药制剂中的助剂的影响，这些影响是不可预期的，所以在进行大面积喷洒前要在小范围内进行试验。也可以进行药液浸渍试验以测试喷雾液中是否含有过量的润湿剂。

（7）做好农药混合配制的安全性、相容性和有效性记录，包括农药剂型、喷雾助剂、剂量等。

任何时候都要仔细阅读农药标签和喷雾助剂标签，以确保喷雾助剂与农药及其剂型的相容性。例如，在美国有200多种农药的标签上推荐使用喷雾助剂，并标明喷雾助剂的种类和数量。所以可以通过阅读标签获得如何选择喷雾助剂的信息。喷雾助剂的不当使用或过量使用可能造成药效降低或引起药害。现在可选用的农药喷雾助剂多种多样，应仔细阅读农药和助剂标签，确保所选择的助剂与施药地点、靶标有害生物、药械相匹配。当然，更要与所用的农药相匹配。

一般来说，农药制剂都已经包含有农药助剂，如乳油中含有乳化剂、可湿性粉剂中含有润湿剂等。对于一个已经很适合喷洒使用的农药制剂，如果再加入湿润—展布剂，可能会增强农药的展布性和覆盖面积，甚至对靶标作物造成严重药害。如果作业者很清楚自己的需要，并且了解产品的局限性，那么喷雾助剂将对喷雾防治有很大的帮助。

第三节　农药配制时的计量

在进行实际配制时，用什么方法量取农药和水，同样必须引起重视。在各地农民用户中普遍缺乏严格的计量手段，很多是根据经验和估计或利用一些非计量器具的容器。

一、固体制剂的计量

固体制剂虽然可采取小包装的办法，但由于一家一户的农田面积变化很大，往往小包装也不能恰好符合实际农田的需要，直接用秤称量最好。

二、液体制剂的计量

液体制剂的量取，最方便的是采用容量器具，主要有量筒、量杯、吸液管等。塑料的容量器具最安全方便，不易破损。

量筒、量杯比较好用，但也应避免使药液流到量筒或量杯的外侧。量杯比量筒更好用，因为其上口很大，药液不易倒在外面。一只刻度准确的 50mL 的量杯，在农药量取上较为方便。用量筒或量杯量取药液，注意量筒或量杯要处于垂直状态。因为倾斜时从刻度上看到的药液体积会发生偏差。

我国曾经专门为剧毒农药有机磷的量取生产过一种带有吸球的吸液管。这种吸液管在量取用药量很少的有机磷和菊酯类农药时很方便，但这种量器在使用中很容易发生污染而较难清洗。吸取农药后，吸液管外面已沾有很多药液，如不注意就会污染到人体或其他工具上。吸取药液后如果把吸液管平放，则药液会倒流入吸球内。因此，应该配备 1 支塑料粗管，有底且长短与吸液管相似，吸取药液后即把吸液管插入塑料粗管中，避免污染。

我国生产的一种新型手动吹雾器中的药水盖内侧上带有一只预制的量杯（把药水盖倒过来就是一只量杯），药液倒入药水桶中，随即旋上盖子，药液就不至于洒到外面，很实用也很安全。

三、水的量取

配制用水的量取，很多用户习惯于用水桶来计量，把常用水桶 1 次装 15L 水作为计量依据。实际上这种水桶不是量器，不能用于计量。还有用粪勺直接量取的（如南方稻区），也有以喷雾器药箱作为计量标准的，所有这些办法都不能作为标准计量方法。如果在水桶内壁用油漆画出一条水位线，并用标准计量器具进行校准，就比较可靠。至于喷雾器药箱，有些在桶壁上印有水位线并标明容积者，则可勉强作为计量依据。用这种喷雾器时，如果在桶内直接配药，应先加入半桶水，然后投药，最后再补加水至水位线。因为这样可使原药先同少量的水接触，较易混合均匀，而且后来继续加入的水还会对药液进一步发生搅动稀释作用。切勿先把水加满到水位线以后再投药，因为制剂中的助剂很快稀释，不利于乳剂和可湿性粉剂的分散。

配制乳剂或水悬液时两步配制法效果较好。采取此法的计量程序要注意，两步配制时所用的水量应等于总需水量。不可先把总需水量取好以后，另外再取水配制母液。例如，配制 50%多菌灵可湿性粉剂的喷雾悬浮液，要求配成 0.5%浓度的喷雾液，则稀释倍数应为 $50\div0.5=100$ 倍，即 1kg 多菌灵可湿性粉剂需要加水 100L。如果分两步配制时，额外量取 5L 水配制母液后再加入 100L 水中，则最后药液浓度为 $1\text{kg}\times50\%\div(100\text{L}+5\text{L})=0.476\%$。

当然，这种浓度的差异在防治效果上会造成多大的影响，在各种病虫杂草上表现是不一样的。但无论如何，在农药的配制过程中，必须严格要求计算准确，决不可认为问题不大而掉以轻心。

四、农药混合使用时的用药量计算

为了同时防治几种病虫，往往需要把几种农药混合使用。混合使用时，各组农药的取用量必须分别计算，而水的用量则合在一起计算。水的用量由喷雾机具决定。

第二章　科学施药技术

第一节　科学施药方法

一、喷雾法

用喷雾机具将液态农药呈雾状分散体系喷洒的施药方法称为喷雾法。喷雾法是防治农、林、牧有害生物最重要的施药方法之一，也可用于卫生和消毒等。农药有效成分在加工中为了方便使用，绝大部分均加工为可供加水喷雾使用剂型，如乳油、水剂、可湿性粉剂、悬浮剂、微乳剂等。喷雾法符合操作者的习惯，适用范围广，使用方便，是农药使用技术中最重要的施药方法。

喷雾技术是在19世纪中，用笤帚、刷子泼洒药液的基础上发展起来的，喷雾法需要专用的喷雾机具。人们在农药使用过程中，根据喷雾场所和防治的需要，研究发展出了多种多样的喷雾方法，每种喷雾方法都有其特点和使用范围。农药喷雾技术的分类方法很多，根据喷雾机具、作业方式、施药液量、雾化程度、雾滴运动特性等参数，可以分为各种各样的喷雾方法，常用的分类方法如下。

(一) 根据施药量分类

喷雾过程中施药液量的多少大体是与雾化程度相一致的。采用粗雾喷洒，就需要大的施药液量；而采用细雾喷洒方法，就需要采用低容量或超低容量喷雾方法。单位面积（每公顷）所需要的喷洒药液量称为施药液量或施液量，用“L/hm^2”表示。施药液量根据田间作物上的农药有效成分沉积量以及不可避免的药液流失量的总和来表示，是喷雾法的一项重要技术指标，主要包括在田间作物上的药液沉积量以及不可避免的药液流失量。在农药喷雾中，并不是说施药液量越大，药剂有效成分沉积到靶标（作物）上就越多，而实际情况有时恰恰相反。当叶片上药液开始流淌时，作物上的农药沉积量会显著降低。我国各地几十年来，普遍习惯高容量喷雾方法，喷雾过程中以为喷出的药液越多越好，把本来设计进行中容量或低容量喷雾的小喷片，人为钻大喷片孔径，导致喷出的粗雾滴极易滚落，而影响作业质量和作业效率。

1. 大容量喷雾法

每公顷施药液量在600L以上（大田作物）或1 000L以上（树木或灌木林）的喷雾方法称大容量喷雾法，也称常规喷雾法或传统喷雾法。大容量喷雾方法的雾滴粗大，所以也称粗喷雾法。大容量喷雾法是采取液力式雾化原理，使用液力式雾化部件（喷头）进行喷雾的，适用范围广，在喷洒杀虫剂、杀菌剂、除草剂等作业时均可采用，是我国应用最普遍的方法。但采用大容量喷雾法田间作业时，粗大的农药雾滴在作物靶标叶片上极易发生液滴聚集，引起药液流失，致使农药利用率水平较低。

2. 中容量喷雾法

每公顷施药液量在200~600L（大田作物）或500~1 000L（树木或灌木林）的喷雾方法。中容量喷雾法与大容量喷雾法之间的区分并不严格。中容量喷雾法是采取液力式雾化原理，使用液力式雾化部件（喷头）进行喷雾的，适用范围广，在喷洒杀虫剂、杀菌剂、除草剂等作业时均可采用。中容量喷雾法田间作业时，农药雾滴在作物靶标叶片上也会发生重复沉积，引起药液流失，但流失量比大容量喷雾法少。

3. 低容量喷雾法

每公顷施药液量在50~200L（大田作物）或200~500L（树木或灌木林）的喷雾方法。低容量喷雾法雾滴细、施药液量小、工作效率高、药液流失量少、农药有效利用率高。

对于机械施药而言，可以通过控制药液流量调节阀、机械行走速度和喷头组合等实施低容量喷雾作业；对于手动喷雾器，可以通过更换小孔径喷片等措施来实施低容量喷雾；另外，采用双流体雾化技术，也可以实施低容量喷雾作业。

4. 很低容量喷雾法

每公顷施药液量在5~50L（大田作物）或50~200L（树木或灌木林）的喷雾方法。很低容量喷雾法和低容量喷雾法之间并不存在绝对的界线。很低容量喷雾法工作效率高、药液流失量少、农药有效利用率高，但容易发生雾滴飘移。其雾化原理可以是液力式雾化，通过更换喷洒部件实施；也可以是低速离心雾化原理。采用双流体雾化技术也可以实施很低容量喷雾作业。

5. 超低容量喷雾法

每公顷施药液量在5L以下（大田作物）或50L（树木或灌木林）以下的喷雾方法，雾滴直径小于100μm，属细雾喷洒法。其雾化原理是采取离心雾化法或称转碟雾化法，雾滴直径决定于圆盘（或圆杯等）的转速和药液流量，转速越快，雾滴越细。超低容量喷雾法的施药液量极少，必须采取飘移喷雾法。由于超低容量喷雾法雾滴细小，容易受气流的影响，因此施药地块的布局以及喷雾作业的行走路线、喷头高度和喷幅的重叠都必须严格设计。同时，由于超低容量喷雾法雾滴细小，在达到作物靶标前易蒸发飘失，应选用油剂农药。

实际上喷雾过程中的施药液量很难绝对划分清楚。低容量喷雾法、很低容量喷雾法、超低容量喷雾法3种喷雾方法，雾滴较细或很细，所以也统称为细喷雾法。不同喷雾方法的分类及应采用的喷雾机具和喷头简单列于表2-1，供参考。

表 2-1　不同喷雾方法的分类及应采用的喷雾机具和喷头

喷雾方法	施药液量（L/hm^2）		选用机具	选用喷头
	大田作物	果园或林木		
大容量喷雾法（HV）	>600	>1 000	手动喷雾器，大田喷杆喷雾机	1.3mm 以上空心圆锥雾喷片，大流量的扇形雾喷头
中容量喷雾法（MV）	200~600	500~1 000	手动喷雾器，大田喷杆喷雾机，果园风送喷雾机	0.7～1.0mm 小喷片，中、小流量的扇形雾喷头
低容量喷雾法（LV）	50~200	200~500	手动喷雾器，背货式机动弥雾机	0.7mm 小喷片，离心旋转喷头
很低容量喷雾法（VLV）	5~50	50~200	手动吹雾器，常温烟雾机，电动圆盘喷雾机	0.7mm 小喷片，离心旋转喷头，双流体喷头
超低容量喷雾法（ULV）	<5	<50	电动圆盘喷雾机，背负式机动弥雾机	离心旋转喷头，超低容量喷头

（二）根据喷雾方式分类

在喷雾作业时，人们利用各种各样的技术手段，或者使雾滴直接沉积到靶标表面，或者利用雾滴的飘移作用增加喷幅，或者把流失的雾滴回收重新利用。

1. 飘移喷雾法

利用风力把雾滴分散、飘移、穿透、沉积在靶标上的喷雾方法称为飘移喷雾法。飘移喷雾法的雾滴按大小顺序沉降，距离喷头近处飘落的雾滴多而大，远处飘落的雾滴少而小。雾滴越小，飘移越远。据测定直径 10μm 的雾滴，飘移可达千米之远。而喷药时的工作幅宽不可能这么宽，每个工作幅宽内降落的雾滴是多个单程喷洒雾滴沉积累积的结果，所以飘移喷雾法又称飘移累积喷雾法。飘移喷雾法可以有比较宽的工作幅宽，比常规针对性喷雾法有较高的工作效率并减少能量消耗。在防治突发性、暴发性害虫中能够起到重要作用。其缺点是喷施的小雾滴容易被自然风吹离目标区域以外而飘失。

超低量喷雾机在田间作业时需要采用飘移性喷雾法。以泰山-18型或东方红-18型超低量喷雾机为例，作业时机手手持喷管手把，向下风口方向伸出，弯管向下，使喷头保持水平状态（风小及静风或喷头离作物顶端高度低于0.5m时可有5°~15°仰角），并使喷头距离作物顶端高出0.5m。在静风或风小时，为增加有效喷幅、加大流量，可适当提高喷头距离作物顶端的高度。作业行走路线根据风向而定，行走方向应与风向垂直，喷向尽量与风向保持一致，夹角不得超过45°。在地头每个喷幅处应设立喷幅标志，从下风口的第一个喷幅开始喷雾。如果喷雾的走向与作物行不一致，则每边需要一个标志。如果喷雾走向与作物行一致，只要一个标志就可以了。当一个喷幅喷完后，立即关闭截止阀，并向上风口方向行走，到达第二个喷幅标志处或顺作物行对准对面标志处。喷头调转180°仍指向顺风方向，在打开截止阀的同时向前顺作物行或对准标志行走喷雾，按顺序把整块农田喷完，这样的喷雾方法就叫飘移累积性喷雾方法。

2. 定向喷雾法

同飘移喷雾法相对的喷雾方法，指喷出的雾流具有明确的方向性。取得定向喷雾可以采取以下措施。

（1）调整喷头的角度，使喷出的雾流针对农作物（靶标）而运动，手动或机动喷雾机（图2-1）利用这一方法进行定向喷雾。

（2）强制性的定向沉积，利用适当的遮挡材料把作物或杂草覆盖起来而在覆盖物下面喷雾，使雾滴直接沉积到下面的杂草或作物上。

3. 针对性喷雾法

针对性喷雾是定向喷雾的一种，即通过配置喷头和调整喷雾角度，使雾滴沉积分布到作物的特定部位。

4. 置换喷雾法

对株冠层大而浓密的果园喷雾，雾滴很难直接沉积到冠层内

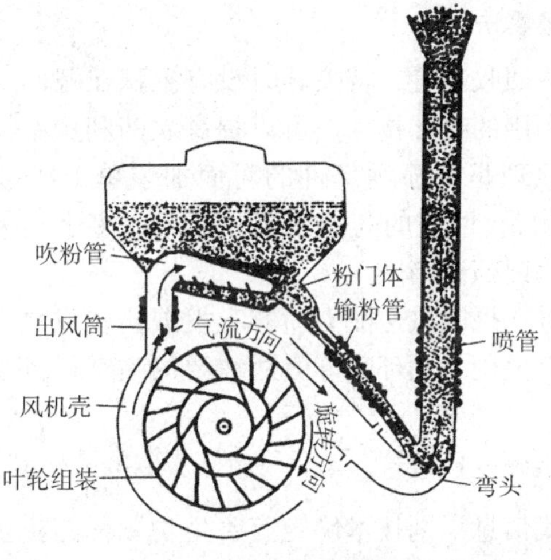

图 2–1　机动喷雾喷粉机

部的叶片上，利用风机产生的强大气流裹挟雾滴进入冠层内，置换株冠层内原有空气而沉积在株冠层内的喷雾方法。农药沉积分布均匀，农药有效利用率高，可以实现低容量喷雾，省工省时，但必须通过风送式果园喷雾机实现。

5. 静电喷雾法

通过高压静电发生装置使雾滴带电喷施的喷雾方法。静电喷雾法的工作原理可分为药液雾滴充电、带电后雾滴碎裂和带电雾滴在靶标表面沉积。带电雾滴与不带电雾滴在作物表面上的沉积有显著差异。由于静电作用，带电雾滴在一定距离内对生物靶标产生撞击沉积效应，并可在静电引力的作用下沉积到叶片背面，将农药有效利用率提高到 90% 以上，节省农药，消除雾滴的飘移，减少对环境的污染。静电喷雾需要静电喷雾机和专用的油剂，其缺点是带电雾滴对高郁闭度作物株冠层的穿透力较差。

静电喷雾作业受天气的影响相对较小，早晚和白天均可进行喷雾，适用于有导电性的各种农药制剂。但是静电喷雾器需要可产生直流高压电的发生装置，因而机器的结构比较复杂，成本也就比较高。

6. 循环喷雾法

利用药液回收装置，将喷雾时没有沉积在靶标上的药液进行回收并循环利用的喷雾技术。可以提高农药利用率，减轻环境污染。其工作原理是在喷洒部件的对面加装单个或多个雾滴回收（或回吸）装置，回收的药液聚集在单个或多个集液槽内，经过滤后再输送返回药液箱。

循环喷雾在果园风送液力喷雾上发展比较成熟，已经有多种样机在生产上使用。循环喷雾方法需要的喷雾机具复杂，防治成本高。

7. 精准喷雾

利用现代信息识别技术确定有害生物靶标的位置，通过控制技术把农药准确地喷撒到有害生物靶标上的喷雾技术。精准喷雾技术可通过以下两种方法实现：一是全球定位系统（GPS）和地理信息系统（GIS）的应用，施药者能准确确定喷杆喷雾机在田间的位置，保证喷幅间衔接，避免重喷、漏喷；二是基于计算机图像识别系统采集和分析计算杂草特征，根据有害生物靶标的有无控制喷头的开关，做到定点喷雾。

（三）根据喷雾机具及所用动力分类

对于大多数农药使用者来讲，更习惯根据喷雾机具及所用的动力来把农药喷雾技术进行分类。根据喷雾机及所用的动力可以把喷雾技术分为手动喷雾法、背负机动风送喷雾法、大田喷杆喷雾法、手持电动圆盘喷雾法、飞机喷雾法和果园喷雾法等。

二、喷粉法

喷粉法就是利用机械所产生的风力把低浓度的农药粉剂吹散，使粉粒飘扬在空中，并沉积到作物和防治对象上的用药方法。喷粉法是比较简单的一种农药使用技术，其主要特点是使用方便、工效高、粉粒在作物上沉积分布比较均匀、不需要用水，在干旱、缺水地区更具有应用价值。喷粉法分为以下几类。

1. 根据施药手段分类

（1）手动喷粉法。指用人力操作的简单器械进行喷粉的方法，如利用手摇喷粉器（图 2-2），以手柄摇转一组齿轮使最后输出的转速达到 1 600r/min 以上，并以此转速驱动风扇叶轮，即可产生很高风速的气流，足以把粉剂吹散。由于手摇喷粉器一次装载药粉不多，因此只适宜于小块农田、果园以及温室大棚。手摇喷粉法的喷粉质量往往受手柄摇转速度的影响，达不到规定的转速时，风速不足，就会影响粉剂的分散和分布。

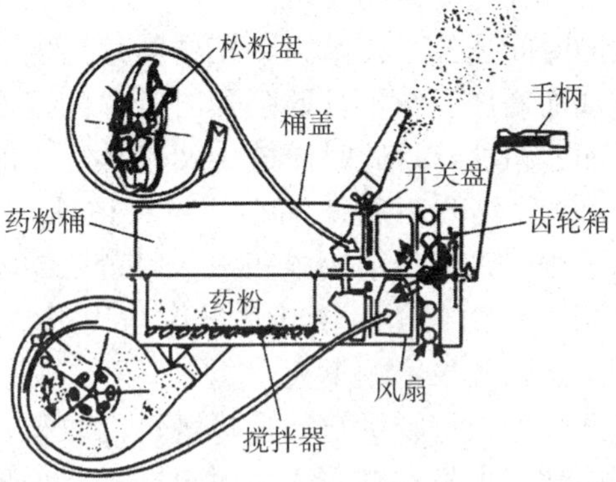

图 2-2　手摇喷粉器

（2）机动喷粉法。用发动机驱动的风机产生强大的气流进行喷粉的方法。这种风机能产生所需的稳定风速和风量，喷粉的质量能得到保证；机引或车载时的机动喷粉设备，一次能够装载大量粉剂，适用于大面积农田，特别适合于大型果园和森林。

（3）飞机喷粉法。利用飞机螺旋桨产生的强大气流把粉剂吹散，进行空中喷粉的方法。使用直升机时，主螺旋桨所产生的下行气流特别有助于把药粉吹入农田作物或森林、果园的株丛或树冠中，是一种高效的喷粉方法。对于大面积的水生植物如芦苇等，利用直升机喷粉也是一种有效的方法。

2. 根据使用特点和范围分类

（1）温室大棚粉尘施药法。粉尘法是喷粉法的一种特殊形式，就是在温室、大棚等封闭空间里喷撒具有一定细度和分散度的粉尘剂，使粉粒在空间扩散、飞翔、飘浮形成浮尘，并能在空间飘浮相当长的时间，因而能在作物株冠层很好地扩散、穿透，产生比较均匀的沉积分布。粉尘法施药喷撒的粉尘剂粉粒细度要求在 10μm 以下。粉尘法的优点是工效高、不用水、省工省时、农药有效利用率高、不增加棚室湿度、防治效果好。但不可以在露地使用，也不宜在作物苗期使用。

①粉尘法的时间选择。在晴天，植株叶片温度在一天之中会随着日照的增加而增加，中午日照强烈时叶片的温度高于周围空气的温度，因而，植株叶片此时便成为“热体”（即环境温度低于靶标温度），这种热体不利于细小粉粒在植株叶片上的沉积。试验表明，晴天中午采用粉尘法施药技术对黄瓜霜霉病的防治效果不理想；在阴天和雨天，由于叶片温度与周围空气温度一致，不同喷粉时间对防治效果影响不大。

粉尘法施药最好在傍晚进行，这样既可以取得比较好的防治效果，又不影响清晨人员在棚室内的农事劳动。如果在阴雨天则可以全天采用粉尘法施药。

②喷粉方法的选择。粉尘法施药主要是利用细小粉粒的飘浮和飞翔扩散能力使药剂在保护地内的植株上产生多向均匀沉积，因而，粉尘法施药技术要求采取对空均匀喷撒方法，以使药粉有充分的空间和时间进行飘浮和飞翔，避免直接对准作物进行喷粉。不同类型的温室大棚，根据其结构特点，应选择不同的喷粉操作方法，可参考下面介绍的方法。

日光温室、加温温室的宽度一般在 6～7m，中间有一过道，操作者应背向北墙，从里端开始向南对空喷撒，一边喷一边向门口移动，一直退到门口，把门关上。

塑料大棚的宽度一般为 10～15m，中间有一过道，操作时操作者从棚室里端开始喷粉，喷粉管左右匀速摆动对空喷粉，同时沿过道以10~12m/min的速度向后退行，一直退至出口处，把门关上即可。此时，如预定的粉剂尚未喷完，可将大棚一侧的棚布揭开一条缝，从开口处将余粉喷入。如余粉过多，可分别从不同部位喷入。

对小型拱棚可采用棚外喷粉法，此类棚宽2~5m，棚高只有1m左右，棚内喷粉比较困难。操作者可在棚外每隔一定距离揭开一个小口向棚内喷粉，喷后将棚布拉上。

喷粉以后需要经过2h以上才能揭棚，以免细小粉粒飘逸出来。如果傍晚喷粉可以等到第二天早晨再揭开棚膜。

（2）大田喷粉法。又分为大田薄膜喷粉管喷粉法和郁闭农田的下层喷粉法。

①大田薄膜喷粉管喷粉法。在背负机动喷雾喷粉机上安装长塑料薄膜喷管用来喷撒农药粉剂。这种喷粉方法效率高且撒布均匀，适合于作物生长后期封行后不便操作人员施药作业的作物，如棉花、油菜田的病虫害防治。长塑料薄膜喷管由长塑料薄膜管及绞车组成。喷管长20~25m，直径为10cm，沿管长度方向每隔20cm有一个直径9.0mm的小孔，安装时将小孔朝向地面或稍向后倾斜，使药粉既能均匀地向下喷出，又能使药粉在离地面1m左右的空间悬浮一段时间，较好地穿透作物株冠层均匀沉积分布。长塑料薄膜喷管喷粉法作业时需两人操作，匀速前进。

②郁闭农田的下层喷粉法。在某些作物的生长后期，如棉花、油菜、大豆、甘蔗等，植株冠层茂密，此时株冠下层是一个特殊的小环境，在株冠层叶片的屏护下，株冠下的气流相当平稳，而且叶片对于粉粒的运动有很大的制约作用。粉粒的飘浮和飞翔行为遇到叶片的阻挡，很容易反弹折回。因此，在株冠下层的粉粒运动不容易向株冠层外飘逸，而粉粒的水平运动不容易受阻。

棉田封垄后的田间气温逆增现象也是进行株冠下层喷粉法的重要条件。气温逆增现象一般在晴天的清晨和傍晚两个时段出现。清晨当阳光初照到株冠冠面上，在棉株丛内，地面的温度较低而株冠冠面温度因受阳光照射比较高，此时在株冠内便出现冠内气温逆增。此时进行下层喷粉所形成的粉浪会在株冠内保持相当稳定不会逸出株冠，并能维持较长的时间。傍晚则需要在夕阳西斜前后约 1h 内进行，此时株冠内地温已开始降低，土壤释放出的热量使株冠上部的温度有所升高，从而也会出现气温逆增。采用大田下层喷粉法时一定要掌握利用这种气温逆增现象。

采用下层喷粉，宜采用“Y”形双向喷头，使喷出的粉粒向左右两个方向水平运动扩散。例如，在棉花生长中后期，下层喷粉的粉粒水平扩散距离可达 10m 左右，因此，田间喷撒作业工作效率很高。但是，下层喷粉法不可在低矮作物上实施，否则，极易导致粉尘飘扬分布而扩散到环境中。

这种株冠下层喷粉法最好选用立摇式胸挂喷粉器（图 2-3），这种立摇式胸挂喷粉器的设计就是为了避免田间喷粉作业时碰伤枝条，并且避免枝条缠绕操作者手臂。而采用侧摇式喷粉器，操作者手臂上下前后摇转，容易损伤作物叶片和枝条，并且难以操作。

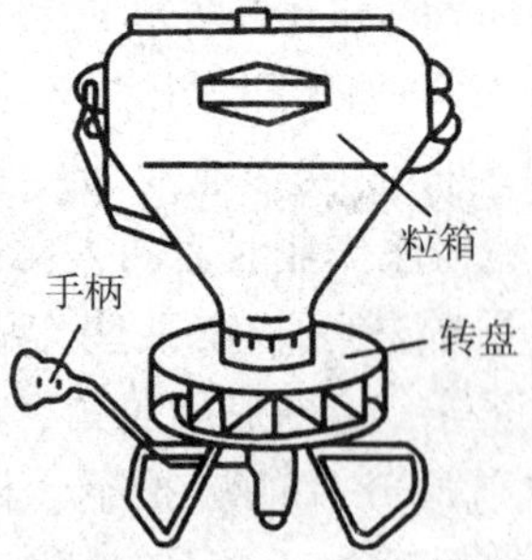

图 2-3　立摇式胸挂喷粉器

（3）静电喷粉法。静电喷粉法是通过喷头的高压静电给农药粉粒带上与其极性相同的电荷，又通过地面给作物的叶片及叶片上的害虫带上相反的电荷，靠这两种异性电荷的吸引力，把农药粉粒紧紧地吸附在叶片及害虫上，其附着的药量比常规无静电的喷粉要多 5~8 倍。粉粒越细小，越容易附着在叶片和害虫上。由于粉粒都带有极性相同的电荷，就有了同性相斥的力量，使粉粒之间分布十分均匀，再细小的粉粒之间也不会发生絮结。

农药静电喷粉中的粉粒虽然带电，但带电量甚微，不会对人员造成伤害。但静电喷粉机具由于配有静电高压发生装置，在使用中必须注意以下安全问题。

①直接电击人身。静电喷粉机具的静电高压在 1 万 V 以上，甚至超过 10 万 V，如果操作不当，则会危及人员生命安全。静电机械发生电击人身的事故，往往是操作人员违反操作规定，先接通电源开关后，误接触高压端，从而出现被电击现象。这种电击对有严重心脏病患者及孕妇是很危险的。因此，心脏病患者或孕妇应避免进行田间静电喷粉操作。

②静电喷撒器械间接引起的危险。静电喷粉机本身的静电源能量较小，直接电击的危险性很小，但如果引起易燃易爆物品发生爆炸燃烧和有毒农药起火，则危险性极大。目前尚未见由静电喷粉引起这样事故的报道，但要特别注意防止这类事故的发生。静电喷粉机具的高压电极端在电源开通的情况下会发生电晕，在白天光照下难以观察到，如果两极相碰或靠很近，在接通电源时会发生火花而引燃、引爆。所以应该严格禁止静电喷粉机具和易燃易爆物品一起存放；也禁止腐蚀性的物品和静电喷粉机具一起存放，避免腐蚀损害电源。

值得注意的是，便携式农药静电喷粉机具机型小巧，在田间工作后容易和危险品一起堆放。在易燃、易爆的条件下打开电源检查喷粉机的使用性能时极易引起爆炸，造成严重的生命财产损失，因此一定要采取措施防止此类事故的发生。

三、颗粒撒施法

在农药科学使用中，对于那些毒性高的农药品种，或者那些容易挥发的农药品种，不适宜采用喷雾方法，此时采用颗粒撒施方法是最好的选择。另外，从农药的使用手段来说，撒施法是最简单、最方便、最省力的方法，无须药液配制，可以直接使用，并且可以徒手使用。

撒施法使用的农药是颗粒状农药制剂，由于颗粒状农药制剂粒度大，下落速度快，受风的影响很小，特别适合于在以下情况使用：一是土壤处理；二是水田施用多种除草剂，颗粒剂可以快速沉入水底以便迅速被土壤吸附或被杂草根系吸收；三是多种作物的心叶期施药，如玉米、甘蔗、凤梨等。有些钻心虫如玉米螟等藏匿在喇叭状的心叶中为害，往心叶中施入适用的颗粒剂可以取得很好的效果，而且施药方法非常简便。撒施法常规操作方法如下。

（一）徒手撒施

目前，国内还没有专用的商品化颗粒撒施机械可供选用，在颗粒剂的使用中多采用徒手撒施的方法，如同撒施尿素颗粒一样。对于接触毒性很小的药剂来说，徒手撒施还是很安全的，但仍须注意安全防护，最好戴薄的塑料或橡胶手套以防万一。而毒性较大的颗粒剂则不能采用徒手撒施，如甲拌磷颗粒剂、克·甲颗粒剂、涕灭威颗粒剂等。克百威颗粒剂，虽然经口摄取毒性极大，但经皮肤接触毒性低（经皮肤接触半数致死量为每千克体重10 200mg），并且颗粒剂表面有包衣，因此，可以采用手撒法。但必须保持手掌干燥，皮肤无伤口。最好戴塑料薄膜防护手套或采用撒粒器撒施，因为一旦遇汗水或其他水分，克百威有可能溶出，通过皮肤污染间接入口而发生意外。

（二）自行设计撒布设备

在地面撒施颗粒剂时，可以就地取材，自行设计简单的撒布设备，进行颗粒撒施。

（1）塑料袋撒粒法。选取 1 只牢固的厚塑料袋，可根据撒施量决定塑料袋的大小，袋内外需保持干燥。把塑料袋的一个底角剪出 1 个缺口作为撒粒孔，孔径约 1cm。把所用的颗粒剂装入袋中（此时让撒粒孔朝上，或用一片胶膜临时封住撒粒孔）。每袋所装的颗粒剂量为处理农田所需量，便于撒粒时掌握撒粒量。如果农田面积较大，最好把颗粒剂分为几份，每份用于处理相应的一部分农田。

(2) 塑料瓶撒粒法。选取适当大小的透明塑料瓶，保持内部干燥。在瓶盖上打出一孔，孔径根据所用的颗粒剂种类决定，微粒剂应用较小的孔径，以免颗粒流出太快，不便于控制颗粒排出速度。可预先试做，观察颗粒流速后决定孔径大小。使用时也按照处理面积所需的颗粒剂量，往瓶中装入定量的颗粒剂，加盖后即可撒施。

以上两种安全撒粒法，撒粒的速度和均匀性需要操作人员掌握。把处理地块划分为若干个小区，根据小区面积预先计算好每区的撒粒量；把颗粒剂分成相应的若干份，再分别进行撒施，即可保证撒粒的相对均匀性。

(三) 手动颗粒撒布器

手动颗粒撒布器有手持式和胸挂式两种。使用手持式颗粒撒布器，施药人员边行走边用手指按压开关，打开颗粒剂排出口，颗粒靠自身重力自由落到地面。使用胸挂式颗粒撒布器，将撒布器挂在胸前，施药人员边行走边用手摇动转柄驱动药箱下部的转盘旋转，把颗粒向前方呈扇形抛撒出去，均匀散落地面。

(四) 机动撒粒机

机动撒粒机有背负式和拖拉机牵引或悬挂式，有专用撒粒机，也有喷雾、喷粉、撒粒兼用型。撒粒机多采用离心式风扇把颗粒吹送出去。有一种背负式机动喷雾、喷粉、撒粒兼用机，单人背负进行作业只要更换撒粒用零部件即可，作业效率高。

(五) 水田大粒剂撒施

大型颗粒剂（即大粒剂）较重，与绿豆的大小近似，可以抛掷到很远的农田中。这是大粒剂的主要特点，也是它的特殊用途。我国农药科技人员根据杀虫双和杀虫单的水溶性以及稻田土壤对杀虫双和杀虫单的不吸附性这两个特征，把这两种杀虫剂制成了3%和5%两种大粒剂，在防治水稻螟虫上取得了良好的效果。大粒剂撒施法消除了喷雾法的雾滴飘移对蚕桑的危害，使杀虫双得以在稻区推广应用。大粒剂的使用主要是采取抛施的方法，这样可以减少操作人员在稻田中的作业时间，减轻了劳动强度，对稻田的破坏性也比较小。大粒剂属于崩解型粒剂，在田水中很快崩解而溶入田水中，很快被水稻根系所吸收。

5%杀虫双大粒剂每千克约有 2 000 粒，每亩（1 亩≈667m^2，15 亩=1hm^2，全书同）稻田的撒粒量为 1kg 左右，平均每平方米水田着粒量为 2～4 粒。在 8h 内有效成分便可扩展到全田，24h 内可以达到全田均匀分布。抛掷距离最远可达 20m 左右，不过一般应控制在 5m 左右的撒幅中，比较便于掌握撒施均匀性。在各种规模的稻田中均可使用。在面积较小的稻田中操作人员无须下田，在田埂上抛施即可。在面积较大的稻田中，可以分为若干个作业行，行间距离可保持 10m 左右，所以工效很高。在漏水田不能使用，因为杀虫双或杀虫单在土壤颗粒上不能吸附，容易发生药剂渗漏。另外，撒粒时稻田必须保水 5cm 左右，以利于药剂被水稻充分吸收。

有些用户有时把颗粒剂溶解在水中再进行喷雾，这种用法一部分是由于用户对颗粒剂的用途不了解，还有一部分用户误认为泡水喷雾的效果优于撒粒。这些认识都是不正确的。因为一方面有许多颗粒剂的有效成分是剧毒的，撒粒时比较安全，喷雾则很危险，如甲拌磷、克百威、涕灭威等，也是国家明文规定禁止喷雾使用的；另一方面颗粒剂这种剂型有其特殊的功能和效力，生产成本也比喷雾用的制剂高，所以把颗粒剂泡水喷雾是得不偿失。

（六）撒施法的应用

1. 防治地下害虫和苗期蚜虫

颗粒剂最早使用是从土壤消毒开始的。在颗粒撒施法的研究开发中，应用最广泛的还是土壤处理防治地下害虫和苗期蚜虫。颗粒杀虫剂在防治地下害虫方面是非常有前途的，5%毒死蜱颗粒剂全面撒施，其对多种蔬菜作物的地下害虫均有很好的防治效果。随着大量新型内吸农药的开发成功，采用颗粒沟施方法防治苗期病虫害的应用作物范围和应用面积逐步扩大，以后还会有大量发展。

在土壤线虫防治技术中，采用非熏蒸性杀线虫颗粒剂撒施是一种有效的方法。杀线虫颗粒剂的撒施方法包括全面撒施、行施、点施。

（1）全面撒施。为防治土壤中的大部分线虫，可以把非熏蒸性杀线虫剂颗粒（如克百威）均匀全面地撒施于土壤表面；如果撒施颗粒后再和 10~20cm 深的土混合，效果会更好。

（2）行施。如果作物是以每隔 60cm 或更大间隔成行种植的话，可以成行处理。在作物播种或移栽前，在播种行开25~30cm宽的沟，把杀线虫颗粒剂撒施在沟内，覆土、播种。作物行间是不需要处理的。对很多蔬菜和大田作物可用这种行施方法，这样处理的农药用量可以节省 1/2~3/4，并且减少劳动力投入。这种方法是一种最为经济有效的施用杀线虫剂的方法。颗粒剂沟施过程中，需要解决的是如何把药剂量准确均匀地施入田间。单纯依靠人员徒手操作，很难做到。

（3）点施。如果作物的株行距都很宽（如果树），用点施的方法可节省大量药剂，但这种点施的方法必须采用手动施药，比较费工、费时。

2. 防治谷类作物茎秆钻蛀害虫

用 3%杀虫双大粒剂撒施处理水稻田，可以有效地防治水稻二化螟。

四、泼浇法

泼浇法是以大量的水稀释农药，用洒水壶将药液泼浇到农作物上或果树植株两侧、树冠下面，利用药剂的触杀或内吸作用防治病虫草的施药方法。泼浇法的特点是操作简便，不需特殊的施药机具，液滴大、飘移少。

泼浇法是一种比较落后的施药方法，一是用药量较大，二是用水量比常规喷雾法大 10 倍，一般每亩用水 400~500kg，因此，泼浇法在水资源缺乏地区难以采用。

泼浇法在稻田使用最多，如内吸性强的杀螟硫磷、毒死蜱等有机磷杀虫剂和杀虫双、杀虫单等采用泼浇法施药防治水稻二化螟和三化螟。在防治地下害虫和蚂蚁（如红火蚁）时，也常用泼浇法施药。北方防治花生根结线虫病时，常在旱地开沟，采用泼浇法把药液泼洒到沟内。

五、灌根法

灌根法是将药液浇灌到作物根区的施药方法，主要用来防治地下害虫和土传病害。例如用多菌灵防治棉花枯萎病，可以采用病株灌根法进行挑治，即先把多菌灵配成 250 倍药液，每株灌 100mL 配好的药液。灌根法采用的药剂一是要对作物安全，防止产生药害；二是灌根防治土传病害的药剂必须具有较好的内吸性。

六、拌种法

拌种法就是将选定数量和规格的拌种药剂与种子按照一定比例进行混合，使被处理种子外面均匀覆盖一层药剂，形成药剂保护层的种子处理方法。通过药剂拌种可以达到以下目的：一是杀死种子携带的病原菌或控制病原菌等有害生物对种子贮存及运输的危害；二是杀死或控制播种后种子周围土壤环境中病原菌和地下害虫，防止其对种子萌发和幼苗生长的侵害；三是利用药剂的渗透性或内吸作用，进入幼苗各部分而防止苗期病害发生和地上害虫为害。

药剂拌种既可湿拌，也可干拌，但以干拌为主。药剂拌种一般需要特定的拌种设备。具体做法是将药剂和种子按比例加入滚筒拌种箱内滚动拌种，待药剂在种子表面散布均匀即可。一般要求拌种箱的种子装入量为拌种箱最大容量的 2/3～3/4，以保证种子与药剂在拌种箱内具有足够的空间翻动和充分接触，达到较好的拌种效果。拌种箱的旋转速度一般以 30～40r/min 为宜，拌种时间 3~4min，可正反方向各旋转 2min。拌种完毕后一般要求停顿一定时间，待药粉在拌种箱沉降后再取出种子。

为了保证种子的安全，药剂拌种一般是在播种前一段时间对种子进行药剂处理，但对于某些对种子比较安全的药剂，可以采用预先拌种法。预先拌种法一般是在播种前较长一段时间，如几个月甚至 1~2 年，进行药剂拌种，可以增加药剂作用时间，降低药剂使用量。有时为了增加药剂在种子上的黏附效果，也可以先将种子用少量清水沾湿，再拌药粉，但是拌种完毕后需要晾晒，并尽快播种，以免发生药害。对于像棉籽一样的种子，由于种子外部带有一层茸毛，不能直接用来药剂拌种，可以先行脱茸或浸泡后再与药剂混合拌种。

拌种使用的农药剂量因作物种类不同而异，表面光滑的种子表面药剂附着量小，表面粗糙的种子药剂附着量大。比如使用可湿性粉剂拌种，禾谷类种子（水稻种子例外）表面比较光滑，药粉附着量一般为种子重的 0.2%~0.5%，而棉花种子的药剂附着量可以达到 0.5%~1.0%。所以，实际使用中必须根据种子种类及药剂特性认真选择拌种药剂的用量。药剂拌种的用药量主要有两种计算方法：一种是按照农药拌种制剂占处理种子的质量百分比，如 50%多菌灵可湿性粉剂拌种浓度为 0.2%，表示每 100kg 种子需要 50%多菌灵可湿性粉剂 0.2kg；另一种是按照拌种药剂的有效含量占处理种子的质量百分比含量计算，同样以 50%多菌灵可湿性粉剂拌种为例，如拌种浓度为 0.2%，则表示每 100kg 种子需要 50%多菌灵可湿性粉剂 0.4kg。目前生产上多采用第一种计算方法。

拌种使用的农药剂型以粉剂、可湿性粉剂等粉体剂型为主。粉体剂型拌种的最大优点是种子贮存期间药剂很少能够直接进入到种子内部，这样可以提前对种子进行药剂处理而不至于出现药害；另外，粉体剂型拌种用药量少，处理后的种子不用干燥，操作简便省力。缺点是对潜伏于种子内部的病原菌效果差，一般要到种子吸水时才有进入种子内部的可能；再就是对药剂理化性状要求也较高，要求粉体制剂中填料等组分的密度与农药原药相差不能太大，粉体颗粒尽可能细且均匀，粉体流动性好不易结团等。

拌种使用的农药有效成分一般以内吸性药剂为好，当然也可以根据实际防治对象选择适宜的药剂。拌种用药剂选择的原则是在保证不至于出现药害的前提下达到最好的防治效果。药剂拌种防治病虫效果的好坏不仅与药剂选择及其性能指标有关，还与拌种质量的好坏有关。有些地方仍然采用比较原始的木掀翻搅的拌种方式，药剂黏附不均且容易脱落，还容易损伤种子，达不到理想的拌种效果。在有条件的地方应该尽可能利用专用拌种器拌种，如果确实没有专用拌种器，也可以使用圆柱形铁桶，将药剂和种子按照规定的比例加入桶内，封闭后滚动拌种。

拌好药的种子一般直接用来播种，不需要再进行其他处理，更不能进行浸泡或催芽。如果拌种后并不马上播种，种子在贮存过程中就需要防止吸潮。

七、毒饵法

利用能引诱取食的有毒饵料（毒饵）诱杀有害生物的施药方法称为毒饵法。毒饵是在对有害动物具有诱食作用的物料中添加某种有毒药物，再加工成一定的形态。诱食性的物料包括有害物所喜食的食料，具有增强诱食作用的挥发性辅料，如植物的香精油、植物油、糖、酒或其他物质。使用较普遍的是有害动物最喜爱的天然食料，如谷物或植物的种子、叶片、茎秆以及块茎等。根据有害动物的习性，有时须对食料进行加工处理，如粉碎、蒸煮、焦炒，或把几种食料配合使用，以增强其诱食性能。有些动物对毒饵的形状和色彩也有选择性，特别是鼠类和鸟类。毒饵的作用方式是被害物取食后引起胃毒作用，因此毒饵的粒度以及硬度对于毒饵的毒杀效果有影响，这种影响决定于防治对象。毒饵法具有使用方便、效率高、用量少、施药集中、不扩散污染环境等优点，适用于诱杀具有迁移活动能力的、咀嚼取食的有害动物，包括脊椎动物（如害鼠、害鸟等）和无脊椎动物（如有害昆虫、蜗牛、蛞蝓、红火蚁等）。毒饵法在卫生防疫方面（尤其是在防治蟑螂、蚂蚁等害虫上）有广泛的使用。

根据毒饵的加工形状和使用方法可以把毒饵法分为固体毒饵法和液体毒饵法。

（一）固体毒饵法

加工成固态的毒饵法为固体毒饵法，固体毒饵可加工成粒状、片状、碎屑状、块状等形态，近年来在卫生害虫防治中新开发了凝胶状的胶饵形式，也归入固体毒饵，固体毒饵有堆施、条施和撒施3种施用方法。

（1）堆施法。把毒饵堆放在田间或有害动物出没的其他场所来诱杀的方法。对于有群集性以及喜欢隐蔽的害虫如蟋蟀等，堆施法的效果很好。可根据有害动物的习性和分散密度来决定毒饵的堆放点和数量。对于很分散或密度较大的有害动物，可采取棋盘式的毒饵堆放法。

（2）条施法。顺着作物行间在植株基部地面上施用毒饵的方法。条施法比较适合于防治为害作物幼苗的地下害虫，如地老虎、蝼蛄等。

（3）撒施法。将粒状毒饵撒施在一定的农田或草地范围内进行全面诱杀的方法，撒施法比较适合于防治害鼠和害鸟。

（二）液体毒饵法

加工为液态的毒饵可以采用盆施法、舔食法和喷雾法来施用。

（1）盆施法。将液态毒饵分装在敞口盆中，引诱飞翔性害虫飞来取食而中毒的方法，此种方法有时甚至可以不用毒剂，只要能诱使害虫坠入液体饵料中淹没致死即可。我国多年来所采用的糖醋诱杀法属于此类方法。

（2）舔食法。把液体毒饵涂布在纸条或其他材料上引诱害虫来舔食而中毒的方法，如灭蝇纸等。

（3）喷雾法。把饵料（如蛋白质的酸性水解产物）和杀虫剂混在一起喷洒，利用害虫对饵料的取食习性，诱集杀死害虫。这种诱集喷雾技术必须在大面积果园使用，或相邻果园同时使用。喷雾过程不必对整株果树全面喷雾，对果树局部叶片喷雾即可取得很好的防治效果。

八、熏蒸法

用气态农药或在常温下容易汽化的农药处理农产品、密闭空间或者土壤等，杀灭病原菌、害虫或者萌动的杂草种子以及鼠害，这种农药使用方法统称为熏蒸法。熏蒸法只有采用熏蒸药剂才能实施。熏蒸药剂是指在所要求的温度和压力下能产生对有害生物致死的气体浓度的一种化学药剂。这种分子状态的气体，能穿透到被熏蒸的物质中去，熏蒸后通风散气，能扩散出去。总之，熏蒸剂是以其分子起作用的，不包含液态或固态颗粒，是悬浮在空气中的烟、雾等气溶胶分散系。

熏蒸法要求有一个密闭的空间以把熏蒸药剂与外界隔开，防止药剂蒸气逸散。因此，熏蒸法一般的使用场所是粮仓、货仓、暖房、农产品加工车间，以及运输粮食、货物、果蔬的车厢、货车等具备密闭条件的场所，集装箱的消毒处理也可采用熏蒸方法。对于土传病虫草害的防治，同样可以采用熏蒸法。

（一）土壤熏蒸

利用气态药剂在土壤团粒间隙穿透、扩散的能力来处理土壤的方法。熏蒸剂气体能充分扩散到土壤的各个部分，因此土壤熏蒸是杀灭土传病原菌、病原线虫和地下害虫及杂草的有效措施。但由于土壤耕作层的体积很大，而且土壤团粒对某些熏蒸剂有吸附作用，所以土壤熏蒸用药量很大、耗资较多。土壤熏蒸有三种施药方法：一是用土壤注射器，把熏蒸剂定量地注入一定深度的土中，必须在土面上打出足够的注射孔以保证注入足够的剂量和分布的均匀性，也可在打孔后由玻璃漏斗灌药，再用泥土封口；二是开沟施药后覆土；三是覆膜施药法，有专用的拖拉机牵引覆膜熏蒸机，药液从机后排液管流入土层下面，随即由拖拉机自动覆土，并同时自动覆膜，此法高效，主要在大面积农田上采用此法。在较小面积的经济作物田和温室大棚中则多采取罐装熏蒸剂的人工覆膜熏蒸法。土壤熏蒸后经过一定时间必须揭膜彻底散气，再进行农事作业。

土壤熏蒸处理过程中，药剂需要克服土壤中固态团粒的阻碍作用才能与有害生物接触，因此，为保证药剂在耕层土壤内有比较均匀地分布，需要使用较大的药量，处理前需要翻整土壤，处理比较烦琐。为了保证熏蒸药剂在土壤中的渗透深度和扩散效果，在土壤覆膜熏蒸前，对于土壤的前处理要求比较严格，必须进行整地松土，深耕 40cm 左右并清除土壤中的植物残体，在熏蒸前至少 2 周进行土壤灌溉，在熏蒸前 1～2d 检查土壤，土壤应呈潮湿但不黏结的状态。可以采用下列简便方法检测：抓一把土，用手攥能成块状，松手使土块自由落在土壤表面能破碎，即为合适。土壤保墒的目的是让病原菌和杂草种子处于萌动状态，以便熏蒸药剂更好地发挥效果。

土壤熏蒸常用的熏蒸药剂有溴甲烷、氯化苦、棉隆、威百亩等，下面以溴甲烷土壤熏蒸为例介绍土壤熏蒸的操作方法。

溴甲烷对土壤中的病原真菌、线虫、害虫、杂草等均能有效地杀死，并且能够加快土壤颗粒结合的氮素迅速分解为速效氮，促进植物生长，因而溴甲烷土壤覆膜熏蒸法成为世界上应用最广、效果最好的一种土壤熏蒸技术，在我国烟草、草莓、黄瓜、番茄、花卉、草坪以及人参、丹皮等中草药上也已广泛应用。溴甲烷土壤熏蒸方法有热法和冷法两种处理方法，用量可以根据土传病害发生程度以及土壤类型调整，用量范围一般在 50～100g/m^2，我国市场有 35kg 大钢瓶溴甲烷和 681g 小包装溴甲烷出售。

1. 热法

热法熏蒸一般适用于温室大棚，特别是早春季节处理温室大棚土壤，必须采用热法操作。热法操作所需要的材料有大钢瓶装液化溴甲烷、蒸发器及加热装置、地秤或溴甲烷流量计、塑料软管、覆盖土壤的塑料膜等。

热法处理时先把通气用塑料软管置放在整理好的土壤表面，再覆盖塑料膜，并把塑料膜周边深埋入土中，埋入深度以20~30cm为宜，以防止溴甲烷从四周逸出。把溴甲烷钢瓶出口同蒸发器的进口相连接，蒸发器的出口再通过塑料管同预先置放在土壤表面的通气用塑料软管相连接，连接处用土压埋。

2. 冷法

对于小罐包装溴甲烷（市场上常见为681g/包），在使用时无须加热，称为冷法熏蒸操作。这种小包装溴甲烷各配有一只专用的破罐器，使用比较方便，适用于苗床、小块温室大棚土壤熏蒸。

这种小包装溴甲烷在土壤熏蒸处理时不需要加热处理，也不需要塑料管，在使用时需预先在土壤表面放置一块木板或砖块，在木板或砖块上平稳放置好破罐器后，再把溴甲烷罐平稳地卡放在破罐器上。用塑料膜覆盖处理的地块，用手掌隔着塑料膜把溴甲烷罐压下，听到“哧”的一声，说明溴甲烷罐已被刺破，溴甲烷已经喷出。

溴甲烷熏蒸时土壤温度应保持在8℃以上。覆膜时四周必须埋入土内15~20cm，塑料膜不能有破损。熏蒸时间为48~72h。熏蒸后揭膜通风散气7~10d，高温、轻壤土通风时间短，低温、重壤土通风散气时间长。遇到雨天，塑料膜不能全部揭开，可以在侧面揭开缝通风，以防降水影响土壤散气通风。

土壤覆膜熏蒸消毒是一项操作程序比较复杂、风险比较大的农药使用方法，施用过程中若发生药剂毒气外逸，而人员仍滞留在密闭棚室内过长时间，容易发生人员中毒事故，操作者在使用时一定要注意，各地农民在使用时一定要向相关技术部门咨询。

（二）仓库熏蒸

在各种类型的仓库、集装箱、船舱、车厢等可密闭空间中进行的熏蒸作业方式称为仓库熏蒸。在这些场所存放的粮食等物品比较密集，病虫比较隐蔽，采用熏蒸法可杀死深藏于粮食、干果和其他货物中及缝隙等隐蔽处的病虫，熏蒸后散气即可除去残余有毒气体。仓库熏蒸要求被处理空间密封，不许有裂缝和漏洞，以免熏蒸处理过程中气态药剂分子逸散出去。在熏蒸之前，应有专人仔细检查，保证没有气体漏往邻近的办公室、厂房或生活区；或者在熏蒸期间让人员撤离熏蒸地区。根据仓内粮食和物品的堆放方式一般有三种作业方法：一是堆垛仓熏蒸，这种仓是以包装袋（箱）堆垛方式存放，空间和间隙大，熏蒸效果好；二是散装仓熏蒸，粮食散装仓粮食堆的密度很大，农药气体穿透能力受到很大影响，因此散装仓常采取插管熏蒸法，在粮堆中插入许多管子，熏蒸剂通过插管可以直接深入粮堆下层，并通过管壁上的小孔向四周扩散，机械化的插管熏蒸则在仓外预先把熏蒸剂汽化后通过管道压入粮食堆深处；三是空仓熏蒸，在堆装货物之前进行，以杀灭潜藏于仓库建筑物内的害虫或病原菌。

熏蒸结束后，现场必须保持通风状态，使有害气体逸散出去，需要专业人员检查后，确认安全的条件下，其他人员才能进入仓库。

（三）帐幕熏蒸

用气密性好的材料如帆布、塑胶布或塑料布等把堆放的粮食等货物加以覆罩（气密性膜或帆布）并密封，形成不透气的帐幕，在帐幕内进行熏蒸作业，称为帐幕熏蒸。帐幕熏蒸技术扩大了熏蒸法的用途，在户外大批堆放的食品及货物，无须搬离存放地就可采用熏蒸法处理，消灭害虫和病原菌，非常方便；并且在熏蒸和通风之后仍然盖着货物，从而可以防止再生害虫，防止鸟粪、渗水、尘土和污物的污染。

帐幕熏蒸前，首先要检查帐幕密封，大批帐幕周围下垂部分的外边缘用粮袋或沙土等压实紧贴在地面上；在土地上熏蒸时则可开浅沟，将下垂的帐幕埋于沟内覆土踩实；帐幕拼接时用专用的夹具夹住拼缝。在确保帐幕不漏气的条件下，把熏蒸药剂施于帐幕之中。气态熏蒸剂（如溴甲烷）可通过一预埋好的管子从帐幕底部进入帐内，从帐幕外向帐幕内定量施放气态熏蒸剂。液态熏蒸剂（如氯化苦）则需要预先在帐幕内布置好液态熏蒸剂的蒸发皿，在戴好防毒面具的情况下进入帐内，把液态熏蒸剂定量投入蒸发皿内后立即退出并封闭出入口。固态熏蒸剂（如磷化铝）必须进入帐内放置药片，帐幕需要预留出入口，在投药后封闭。

若用磷化铝进行帐幕熏蒸，每吨粮食投药5~10片，大粒粮用药量可以少些。根据帐幕内粮食包的堆放情况，事先把磷化铝用量计算好，并布置好投药路线。投药点应在粮食包的上部，因为磷化氢气体的密度较大，放在高位有利于磷化氢气体在帐幕内扩散均匀。作业时，从帐幕的最里边开始，必须戴塑胶手套投药。投放完最后一个投放点的药片后，立即从出口处退出帐幕并立即严密封闭帐幕出入口。需要注意的是，磷化铝片不可堆放于一点，否则，在堆放点的磷化氢气体过于密集的情况下，有发生磷化氢气体自燃的危险。熏蒸处理的时间是当气温为12~15℃时，需要密闭处理5d左右；若气温达20℃以上，只需3d。熏蒸结束后，在夜间无人活动时进行散气，从下风处开始揭幕布。帐幕全部拆除后，散气时间需要5~6d。

帐幕熏蒸不受地点的限制，可以在车站、码头、仓库的库房内及其他场所进行。仓库中贮存物品不多时，采用帐幕熏蒸可节省用药量。此法也可用于检疫熏蒸、露天堆放的原木熏蒸及其他各种因地制宜的熏蒸作业。

在施药作业中，各种农药的药雾也可通过鼻腔、眼睛和嘴侵入人体（图2-4）。因此，在施药过程中，防毒面具、防护帽（不透水）、护目镜、长筒靴、防护手套、防护服等必须装备齐全（图2-5）。

九、涂抹法

用涂抹器将药液涂抹在植株某一部位局部的施药方法称为涂抹法。涂抹用的药剂为内吸剂或触杀剂，按涂抹部位划分为涂茎法、涂干法和涂花器法3种。为使药剂牢固地黏附在植株表面，通常需要加入黏着剂。使用涂抹法施药，农药有效利用率高，没有雾滴飘移，费用低，适用于果树和树木以及大田除草剂。

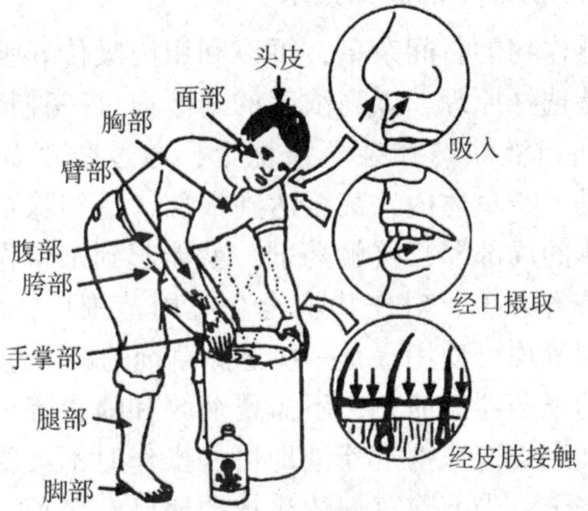

图 2-4　处理高毒和剧毒农药时，农药与身体接触的途径

注：箭头显示农药接触机会最多的部位

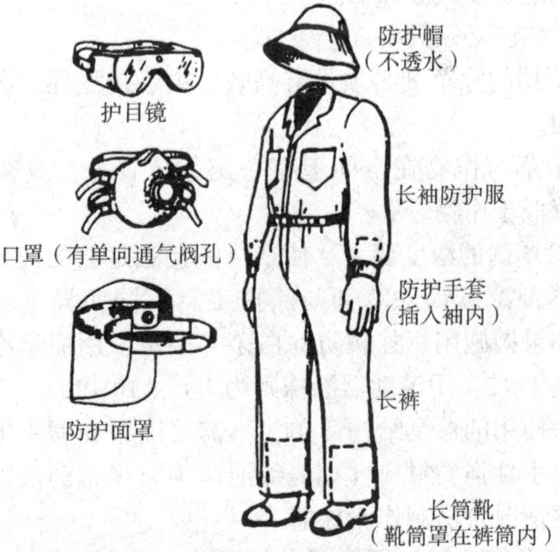

图 2-5　施用农药的标准防护设备

（一）杂草防除中的涂抹技术

防治敏感作物的行间杂草，可以利用内吸传导强的除草剂和除草剂的位差选择原理，以高浓度的药液通过一种特制的涂抹装置，将除草剂药液涂抹在杂草植株上，通过杂草茎叶吸收和传导，使药剂进入杂草体内，甚至达到根部，达到除草的目的。因此，只要杂草的局部器官接触药剂，就能起到杀草作用。这种技术用水少、节省人工、对作物安全、应用范围广，农田、果园、橡胶园、苗圃等均可使用，是一些老除草剂的新用途。

涂抹法的施药器械简单，不需要液泵和喷头等设备，只利用特制的绳索和海绵泡沫携带药液即可。操作时不会飘移，且对施药人员十分安全。当前除草剂的涂抹器械已有多种，包括供小面积草坪、果园、橡胶园使用的手持式涂抹器，供池塘、湖泊、河渠、沟旁使用的机械吊挂式涂抹器，供牧场或大面积农田使用的拖拉机带动的悬挂式涂抹器。

应用涂抹法必须具备 3 个条件。

（1）所用的除草剂必须具有高效、内吸传导性，杂草局部着药即起作用。

（2）杂草与作物在空间上有一定的位置差，或杂草高出作物，或杂草低于作物。

（3）除草剂的浓度要大，使杂草能接触足够的药量。涂抹法施药的除草剂浓度因除草剂与涂抹工具不同而异，例如，在棉花、大豆和果园施用草甘膦防除白茅等杂草，用绳索涂抹，药与水的比例是 1∶2，用滚动器涂抹则为 1∶（10~20）。

涂抹法使用的器具结构简单，不需要液泵和喷头等设备，只需要利用吸水性强的材料（如海绵泡沫等）携带药液即可，使用者可以根据情况自己制作涂抹器。

涂抹法施药液量较低，每公顷低于 110L，因此，操作要求快，否则涂抹不均匀。涂抹施药前，要经过简短培训，做到均匀涂抹。在气温高、湿度大的晴天涂抹施药有利于杂草对除草剂的吸收传导。

（二）棉花害虫防治中的涂茎技术

利用杀虫剂（如氧乐果）的内吸作用，在药液中加入黏着剂、缓释剂（如聚乙烯醇、淀粉等），用毛笔或端部绑有海绵的竹筷蘸取配制好的药液，涂抹在棉花幼苗的茎部红绿交界处，对棉花蚜虫的防治效果在95%以上，并且能防治棉花红蜘蛛和一代棉铃虫。这种涂茎施药方法与喷雾法相比，农药用量可以降低1/2，对天敌的杀伤力也小。

需要注意的是，采用这种涂茎方法时，要防止把药液滴落在叶片和幼嫩的生长点上，以防灼伤叶片或烧死棉苗。

（三）树干涂抹技术

把一定浓度的药液涂抹在树干或刮去树皮的树干上，达到控制病虫害的目的，这种方法称为树干涂抹技术。树干涂抹一般使用具有内吸作用的药剂，使药剂被植株吸收而发生作用。一般多用这种方法施用杀虫剂来防治害虫，也可施用具有一定渗透力的杀菌剂来防治病害。这种施药技术，药液没有飘移，几乎全部黏附在植物上，药剂利用率高，不污染环境，对有益生物伤害小，使用方便。

涂抹法多用于防治害螨、蚜虫、介壳虫、粉虱等刺吸式口器的害虫和缺锌花叶病，对调控植株的营养成长和生殖成长等也有良好的效果。

树干涂抹法防治病害，多为涂抹刮治后的病疤，防止复发或蔓延。例如，酸橙树腐烂病刮治后涂抹腐必清、丁香菌酯（武灵士）等杀菌剂；果树的流胶病，在刮去流胶后，涂抹石硫合剂；果树的膏药病、脚腐病等，刮削病斑后，涂抹石硫合剂等药剂，都有很好的防治效果。

但要注意涂抹药液的浓度不宜太大，刮去粗皮的深度以见白皮层为宜，过深会灼伤树皮引起腐烂而导致树势衰弱乃至死树。以春季和秋初涂抹效果为好。高温时应降低施用浓度，雨季涂抹容易引起树皮霉烂。休眠期树液停止流动，涂药无效。对果树，涂药时间至少要距离采果70d以上，否则果实体内残留量大。非全株性病虫，主干不用施药，只抹树梢。衰老园不宜用涂抹法防治病虫。

将配制好的药液，用毛笔、排刷、棉球等将药液涂抹在幼树表皮或刮去粗皮的大树枝干上，或发病初期的二三年生枝上，然后用有色塑料薄膜包裹树干、主枝的涂药部位（避免阳光直射，防止影响药效）；或用脱脂棉、草纸蘸药液，贴敷在刮去粗皮的枝干上，再用塑料薄膜包扎。涂药的浓度、面积、用量，视树冠的体积大小和涂药的时间，以及施用的目的和防治对象而异。

十、滴加法

滴加法就是把药液滴加到灌溉水中的一种施药方法。例如，在水稻田施用恶草灵防除杂草，可在灌水口处把药液滴加到水中，药剂随灌溉水分布到全田中。

滴加法只适合于少数农药在特定环境中的使用，用户一定要根据农药标签上说明和当地技术人员的指导来采用滴加法，千万不可把不适合的药剂采用滴加法，不仅会浪费农药，还会影响防治效果。

十一、瓶甩法（撒滴法）

瓶甩法（撒滴法）施药需要专用的农药剂型——撒滴剂，它是根据水稻、水生蔬菜等水生作物田中有水的特定条件而研究的施药方法，仅适用于水稻田和其他水田作物，不能用于旱田作物。

商品撒滴剂是装在特制的撒滴瓶中供撒滴用的药液。撒滴剂与撒滴瓶成为一个包装整体，既是撒滴剂又是撒滴瓶，撒滴剂包装瓶的内盖上有数个小孔（一般3~4个），施药时药液无须加水稀释，不需要使用喷雾器，操作人员打开撒滴瓶的外盖，手持药瓶左右甩瓶将药液抛撒入田间即可。用18%杀虫双撒滴剂防治水稻害虫，施药时手持药瓶，在田间或田埂缓步行走，左右甩动药瓶。处理1亩稻田只需要5~10min，不需要强劳力作业。施药时间不受天气条件的影响和限制。为使药剂入水后能迅速扩散，用撒滴剂时田间应有4~6cm水层，施药后保水3~5d。

除使用专门撒滴瓶外，用户也可自己制作撒滴瓶。例如，可以用1个500mL的矿泉水瓶制作撒滴瓶，取下瓶盖，用1个直径为2~3mm的铁钉，从瓶盖内向瓶盖外锥出一锥形小孔，并使小孔呈小凸起状，凸起的小孔顶部形成直径1mm的孔，瓶盖内侧小孔基部直径为2~3mm。在每一瓶盖锥出3~4个孔，锥孔中心线应同瓶盖中心线有一个小的夹角，以便每一孔流出的药液向外侧分开而不互相重叠。

第二节　科学使用农药

一、科学使用农药可以解决的问题

（一）防止农药残留与农药污染危害

1. 几个相关概念的定义

（1）农药残留。指农药使用后残存在生物体、农副产品、环境中的原体和（或）有毒代谢物、降解物和杂质的总称。

（2）残留量。指农药残存的数量，一般以mg/kg来表示。

（3）农药残毒。指农药的残留量超过规定的标准时，将会对人、动物、作物和环境产生不良的影响或通过食物链对生态系统中的生物产生的毒害。施用农药后，残存在作物或环境中的农药都存在毒性。也就是说有残留农药就存在残留毒性。

2. 农药残留污染的危害

农药残留可造成污染，危害农畜产品和环境，高残留农药造成的污染会相当严重。在农畜产品中，当非高残留农药按照推荐的剂量、方法和时间施药，农畜产品中不会有残留毒性问题。但是，对于高残留药剂，如砷制剂、汞制剂、六六六、滴滴涕、杀虫脒等，使用后它们在农畜产品中的最终残留往往超过最大残留限量。原因：一是难以降解，即使降解，其代谢物或杂质的慢性毒性与原药相当或更严重。如滴滴涕和杀虫脒的代谢物滴滴依和4-氯邻甲苯胺，工业六六六中的乙体六六六等。残留量是以原药及有毒代谢物的总残留计量，所以残留时间很长。二是可以通过食物链富集，在鱼、禽、畜体中富集，使农药的浓度增加，在食物链中处于最高位置的人摄入这些食品后，往往富集较大剂量的高残留农药，从而影响人体健康。因此，我国禁止使用砷制剂、汞制剂、六六六、滴滴涕、杀虫脒等高残留药剂。

在环境中，直接喷洒的农药除部分着落于作物上或飘移至附近农田外，大部分落入土壤中，土壤杀虫剂、杀菌剂和大部分除草剂则是直接施入土壤中。一般的农药因土壤中各种降解因素的影响，其残留主要是由于当年使用的农药，但部分高残留的农药则可能遗存更长的时间。土壤中的农药可被作物吸收，可蒸发逸失进入大气，亦可经雨水或灌溉水流入河流和渗入地下水中。例如残留期长的六六六可被胡萝卜、花生等吸收；均三氮苯类除草剂在土壤中残留期很长，玉米地除草如使用不当，对下茬作物小麦有药害；麦田中使用的高效除草剂氯磺隆，虽用量很少，但对下茬玉米、油菜、大豆和水稻等作物生长有影响。水中溶解度大的农药，易被雨水淋溶而污染地下水，如涕灭威、克百威、莠去津、甲草胺、二溴乙烷、二溴氯丙烷、乐果等在地下水中都有检出，有的地区地下水温低，微生物活动弱，进入地下水的农药降解慢，如涕灭威需要2~3年才降解一半。许多国家都以地下水为主要饮用水源，因此对地下水的农药污染十分重视，一般农药的残留标准为0.001mg/kg，存在多种农药时，总量不超过0.005mg/kg。

3. 农药残留产生的原因和影响因子

农药残留主要由直接施药引起，也可吸收环境中的农药或通过食物链富集造成。残留可以通过生物和非生物的方式分解。影响残留的主要因子有以下几种。

(1) 农药的理化性质。在相同条件下，不同理化性质的农药，持久性有很大差异。物理性质中以蒸气压和溶解度最为重要。蒸气压高的农药，如敌敌畏等，易挥发、消失快；脂溶性强的农药，如滴滴涕等，易在植物的蜡质层和动物的脂肪中积累，并经动物富集；水溶性大的农药，易被雨水淋失，但亦易被根部吸收传导至植株叶部和籽实；易光解的农药如辛硫磷，施于植物表面残留消失快。残留农药还可被氧化或水解，或被生物体内的酶所分解。

农药的制剂加工方式、辅助剂的使用对残留量也有影响。农药的颗粒大，黏附性强，残留时间长；农药易于渗透到植物体细胞和气孔中，则光照和氧化影响小，利于保持农药原体；农药中添加稳定物质，则农药的残留期延长。

（2）作物类型和作物部位。农药在作物上的原始沉积量随作物种类而异。在相同施药条件下主要决定于作物可食部位的表面积大小，在蔬菜、茶叶、牧草等叶用作物上农药的原始沉积量较黄瓜、茄子、苹果等食用果实的大得多。例如，以 40%乐果乳油 800 倍液喷施于茶叶上，原始沉积量为 103~158mg/kg，相同浓度喷施于黄瓜上，原始沉积量为 0.38~0.85mg/kg。因此，乐果等禁止在蔬菜、瓜果、茶叶、菌类和中草药材上使用。目前使用的农药大多是亲脂性的，沉积在作物表面的农药很快溶入蜡质层，不再以物理方式消失，大多积存于果皮、糠和麸皮中，因此除去农产品的外皮，可以去除大部分残留。几种农药在部分农产品上的分布见表 2-2。

表 2-2　几种农药在部分农产品上的分布

药剂	农产品	分配比例（%）	
杀螟硫磷	葡萄	果皮 98	果肉 2
乐果	柑橘	果皮 85	果肉 15
马拉硫磷	糙米	糠 87	米 13
仲丁威	糙米	糠 80	米 20

（3）施药方法、用量和时期。不同施药方法对残留影响大。飞机喷药时在植株上部1/3处约有总药量的90%；内吸杀虫剂用不同方法施药，残留期相差很大，喷雾于叶面，原始药量高，但残留期短；土壤处理或根茎处理，则农药被缓慢吸收，残留期长。施药量和施药次数增加，残留量随之递增，对高残留农药特别明显。施药时期尤其是最后一次施药距离收获的间隔天数对残留的影响很大，作物上的农药残留量随时间而减少，施药后不同时间测定农作物上的残留量，可得残留动态曲线。

（4）环境因子。作物和土壤中的农药可通过各种途径消失。消失速度除与农药本身性质有关外，环境因子影响很大，如光对农药降解影响大，辛硫磷在茶叶上3d后已低于残留限量，但在土壤中的药效可维持10d。土壤中的农药还可被微生物降解和随水淋溶，这些消解因素又随土壤质地、有机质含量、水分含量、pH值和温度而变化。有机质含量高、黏粒多的土壤，农药易被吸附而保留于土壤中；大多数农药在碱性条件下易分解，少数农药在偏酸条件下易分解，如个别磺酰脲类除草剂；水分对土壤中的农药残留起重要作用，在渍水条件下促进农药降解；温度升高加快农药分解。

4. 农药残留主要评价指标

为了控制残留的危害，必须正确评估残留量，因此建立残留的评价方法和残留的允许标准非常重要。常用到的有农药残留半衰期、农药安全间隔期、每日最大允许摄入量、农药最大残留限量等指标。它们之间的关系：根据农药半衰期制定出农药安全间隔期；根据动物试验的最大无作用剂量，计算出每日最大允许摄入量；根据每日最大允许摄入量制定出农药最大残留限量。

（1）农药残留半衰期。指农药残留分解消失到原始药量一半所需的时间，通常从残留动态曲线上算出农药降解一半的天数为半衰期。它是农药在自然界中稳定性和持久性的标志，通常以农药在作物上和土壤中的半衰期来衡量它在环境中的持久性。半衰期越长，农药在环境中的持久性越好，残留就越严重。半衰期是制定农药安全使用间隔期和合理使用准则的主要参考指标之一。

影响农药半衰期的因子主要有农药的物理化学性质、施药方式和环境条件，包括日光、气流、降水量、温度、湿度、作物和土壤类型、pH 值和微生物等。同一种农药在不同条件下使用时，半衰期变化幅度很大，所以它只能有限地代表在某一特定条件下农药的消解情况。

在土壤中的半衰期是评价农药对环境污染的指标之一，各类农药在渍水和非渍水土壤中的半衰期相差很大，如有机氯杀虫剂在渍水土壤中，由于微生物的作用而迅速降解，半衰期仅 10～20d，在非渍水土壤中有时高达 1～3 年。农药在土壤中半衰期的长短，不仅直接影响栖身于土壤中的动物和微生物生长，还影响作物从土壤中吸收农药及对大气、河流和地下水的污染。

（2）安全间隔期。指最后一次施药至作物收获时允许的间隔天数，即收获前禁止使用农药的日期。大于安全间隔期施药，收获农产品中的农药残留量不会超过规定的最大残留限量，可以保证食用者的安全。通常按照实际使用方法施药后，间隔不同天数采样测定，画出农药在作物上的残留动态曲线，以作物上的残留量降至最大残留限量的天数，作为安全间隔期的参考。在一种农药大面积推广应用之前，为了指导安全使用，制定安全间隔期，是预防农药残留污染作物的重要措施，也是新农药登记时必须提供的资料。

影响安全间隔期的因子包括农药性质、作物种类和环境条件。各种农药的安全间隔期不同，性质稳定的农药不易分解，其安全间隔期长。相同的农药在不同作物上的安全间隔期亦不同，果菜类作物上的残留量比叶菜类作物低得多；在不同地区由于日光、气温和降水等因素，同一农药在相同作物上的安全间隔期是不同的。因此，必须制定各种农药在各类作物上适合于当地的安全间隔期。

在制定农药安全间隔期时，必须参考农药的实际使用情况，如拌种剂、除草剂中的土壤处理剂或播后芽前处理剂等，使用农药的日期是固定的，不再根据消解动态算出安全间隔期，而是测定收获后作物中的最终残留，其最终残留不超过最大残留限量即可。

在中国制定的农药安全使用标准（或合理使用准则）中对多种农药均有其在各类作物上的安全间隔期规定。

（3）每日最大允许摄入量（ADI）。指人体终生每日摄入某种农药，对健康不引起可觉察有害作用的剂量，也称日允许摄入量，它是农药慢性毒性的一项指标。

对农药的毒性而言，如仅用急性毒性指标，还不能完全表示。人们长期食用农药残留超过限量的食品可引起慢性中毒，有的农药还有致畸、致突变和致癌性，因此新农药开发时，必须测定其日允许摄入量。以相当人体每千克体重每日摄入多少毫克农药［mg/（kg·d）］表示，按以下公式计算：

$$日允许摄入量=\frac{动物最大无作用剂量}{安全系数}$$

日允许摄入量是制定食物中农药最大残留限量（MRL）的毒理学依据。

最大无作用剂量是以动物毒性试验结果为依据制定的。它的制定步骤一般为以下几步。

①急性毒性试验。求出剂量—效应和剂量—反应关系，为进一步进行亚急性、慢性毒性和其他特殊毒性试验提供依据。

②亚急性毒性试验。进一步确定被检农药的主要中毒作用、作用部位，初步估计最大无作用剂量和中毒阈剂量。

③慢性毒性试验。使试验动物生命大部分时间或终生接触被检农药的毒性试验，主要是食物毒性试验，观察长期反复摄入低剂量农药可能对动物体造成的损害，并确定其最大无作用剂量。

④此外，必须考虑农药的致畸、致突变、致癌和迟发性神经毒性等方面效应以及它在机体内的蓄积作用、代谢过程、与其他

农药的联合毒作用和在环境中的降解情况等。

考虑种间差异和个体差异，估算出安全系数。首先是人和动物对药剂的敏感性不同，种间差异约为 10 倍；其次是人类本身存在个体差异，即人群中少数人比大多数人敏感，个体差异也定为 10 倍，则安全系数为 10×（10～100），通常安全系数为 100。如农药有特殊毒性作用，安全系数可定为 1 000～5 000，甚至更高。

联合国粮食及农业组织（FAO）和世界卫生组织（WHO）的农药专家联席会议上每年都要讨论厂商或其他组织提出的各种农药的日允许摄入量，并向各国推荐。中国的 ADI 主要参照 FAO 和 WHO 的数值。中国创制的新农药，其 ADI 由卫生部门研究制定。农药的日允许摄入量和急性毒性数据常常是不一致的。以高毒农药克百威为例，对大白鼠致死量为 8～14mg/kg，但它未显示慢性毒性和“三致”毒性，因此日允许摄入量较急性毒性数量低的农药高。

（4）最大残留限量（MRL）指在农畜产品中农药残留的法定最高允许浓度，又称最高残留限量，以每千克农畜产品中农药残留的质量（mg/kg）表示，也称允许残留量。这是按照农药标签上规定的施药剂量和方法使用农药后，在食物中残留的最大浓度，其数值必须是毒理学上可以接受的，最后由各国政府部门按法规公布。日常所说的农药残留超标，即指农药残留量超过 MRL 值。一般制定过程是根据毒理学、人们的膳食结构和田间残留试验等三方面资料制定。

人们对各种食品的取食量不同，在各种作物上的施药量和施药次数不同，各种作物的形态组织和生长速度也不同，因而同一农药在各类食品中的 MRL 也是有差异的。

在中国，由国家卫生健康委员会食品卫生标准分委员会提出 MRL，国家卫生健康委员会发布。但目前已发布的项目与生产上使用的农药品种数量差距是很大的，远不能满足要求。在实际工作中，主要参阅 FAO 和各国农药公司提供的数据。

5. 农药残留的控制

农药在农副产品和环境中的残留关系人类的健康，人们要求没有被农药污染的食物和环境，因此必须研究控制和减少农药残留的措施。

已知农药的残留量与农药本身的性质和环境条件有密切的关系，可控的主要措施在于农药的使用，包括农药剂型、施药量、施药方法、施药次数、最后一次施药距收获的时间等，因此可以研究这些可控条件下各药剂的消解和残留动态，从中找出规律，从而制定出相应的施药行为规范。在农药使用时遵守这些规范，则农药残留污染可以得到有效控制。我国制定的规范主要包括两方面内容：一是农药安全使用规定，规定了农药许可使用的范围；二是农药合理使用准则，规定了如何使用农药才能保证农产品中农药残留不超过限量。

此外，为了控制被污染农副产品进入消费市场，对主要农副产品进行残留检测，也是一项重要的措施。

（二）避免产生农作物药害

1. 药害定义

农药使用后，对作物产生的损害，称为药害。

2. 药害产生的原因

农药中特别是除草剂、杀菌剂和植物生长调节剂，它们的作用机理均与细胞的生长和代谢有很大的关系，因此对作物产生药害的概率较大，部分杀虫剂也会对植物产生药害。产生药害的主要原因除了与农药品种、作物品种密切相关外，与使用的时期和使用浓度、使用剂量和使用环境也有密切的关系。

（1）除草剂的主要作用对象就是植物，因此产生药害的概率最大。具有灭生性的除草剂，对任何植物都有可能伤害；对于选择性除草剂，其选择的机理主要有生化选择、生理选择、位差选择和时差选择、形态选择等，如果这些选择的机理被破坏，则容易造成药害。例如，敌稗在水稻与稗草之间有生化选择性，原因是水稻体内的酶可以更快地分解敌稗，但当水稻上施用有机磷和氨基甲酸酯等类杀虫剂后，由于它们能够抑制水稻体内的解毒酶，水稻对敌稗的解毒能力丧失，就会产生药害。再如，氟乐灵用于小麦田的土壤处理，主要利用其位差选择性，在播后苗前施药，混土的深度要浅于播种深度，否则容易引起药害。除草剂的使用浓度和剂量过高，往往是造成药害的主要原因，例如，乳氟禾草灵用于大豆田防除杂草，采用高浓度喷雾药害严重，因此，除草剂的喷洒一般需要使用常量喷雾，而不适合于低容量喷雾。

（2）植物生长调节剂与除草剂类似，其使用浓度和剂量是决定安全性的关键因素，浓度过高则容易造成药害，如2,4-滴异辛酯在低浓度时可以作为植物生长促进剂使用，但高浓度时则是除草剂。

（3）杀菌剂对植物也较容易产生药害，特别是无机杀菌剂，如铜制剂对某些水稻的品种容易引起药害，对某些柑橘、柿子品种也会产生药害；三唑类杀菌剂如烯唑醇，在水稻田使用不当，则造成水稻抽穗不全或瘪穗。

（4）某些杀虫剂也会造成药害，特别是植物幼嫩时期容易受害。大部分的药害与使用浓度有关，少部分与农药品种有关。例如石硫合剂不适宜在植物旺盛生长期使用；辛硫磷在白菜、瓜类的幼苗期使用则容易产生药害；灭多威用于棉花田的浓度大于250mg/kg时，容易在棉花叶上产生药斑；乐果、氧乐果用于核果类果树如李、桃、杏等也容易产生药害。因此，以上药剂均有禁限用范围。

3. 药害的主要类型

（1）根据药害发生的时期分为直接药害与间接药害。

①直接药害。使用后数小时或短期内对作物产生药害，这种药害称直接药害。其中的急性药害显示快，症状比较明显，如叶片发生褐色焦斑或条纹、卷叶、叶柄扭曲、根部变褐腐烂，严重者全叶变黄变形、枯焦、脱叶、整株凋萎，最后死亡。慢性药害表现生长缓慢或受到抑制，叶片产生较小的药斑或黄化，致使结

实延迟，穗（果）变小，产量降低，籽粒不满或品质下降。

②间接药害（二次药害）。主要指除草剂使用后对下季、下茬作物产生的药害。例如，麦田使用绿麦隆对下茬水稻产生的药害，玉米田使用莠去津对下茬小麦的药害，稻田使用氟乐灵后对下茬高粱、甜菜等的药害。敌草隆在 0.8kg/hm^2 剂量下，施用后 30 个月，仍可使高粱的出苗率减少 70%，对大豆幼苗也有一定的抑制作用。

（2）根据症状性质分为可见性药害与隐患性药害。

①可见性药害。此种药害一般从形态上可以直接观察到。例如，激素型药害主要表现为叶色反常、变绿或黄化、生长停顿、矮缩、茎叶扭曲、心叶变形直至死亡。触杀型药害主要表现为植物组织出现黄、褐、白色坏死斑点，直至茎、鞘、叶片及组织枯死。

②隐患性药害。此种药害主要是植物内部组织的变化，在形态上没有明显的症状表现，因此在田间难以直观测定。但植物内部已发生变化，其变化的结果最终在外部表现出来，影响作物的产量与品质。例如，丁草胺使用不当，能影响水稻根系，使穗粒数、千粒重等下降。过量使用氟乐灵可使棉花主根发生肿瘤，次生根生长严重受到抑制，从而导致产量下降。

4. 药害的主要症状

药剂种类以及作物对药剂敏感性的不同，引起植物的形态反应也各异。传导性除草剂较触杀性除草剂的反应更为强烈。此外，同一种植物的不同器官，同一器官的不同组织，甚至同一组织的不同细胞，对药剂的反应速度和范围也不相同，表现出药害形态的多样性和多变性。现实生产中，人们对各类除草剂药害的研究较多，各类除草剂表现的主要症状有以下几种。

（1）苯氧羧酸类除草剂的药害症状。此类除草剂具有植物生长激素的作用。植物的外部表现症状为叶片向上或向下卷缩，叶柄、茎、花茎扭转与弯曲，生出短而粗的次生根，茎、叶片褪色、变黄、干枯，茎基部肿胀及组织逐渐腐烂，最后全株死亡。

特别是植物的分生组织如心叶、嫩茎最易受害。例如，玉米6片叶以后过晚施药，药害症状表现为叶片卷曲，形成葱状叶，雄穗很难抽出，重者无雌穗，茎叶脆弱，易于折断。小麦田使用过量的2,4-滴丁酯后，叶片变黄，造成畸形穗，千粒重降低。水稻田使用过量的2,4-滴丁酯或施药时期不当，会使分蘖增多，植株颜色浓绿，脆而易断或形成葱状叶，不抽穗。因此，2,4-滴丁酯已被禁止在国内使用。

（2）苯甲酸类除草剂药害症状。此类除草剂具有类生长素或干扰内源生长素的作用。百草敌与甲氧三氯苯甲酸影响植物根与芽的生长与发育，造成叶片畸形，叶柄与茎弯曲，开花异常，分枝增多。大豆对百草敌非常敏感，受害后表现叶片皱缩，形成凹杯状叶。玉米苗前使用过量的百草敌后，初生根系增多，生长受抑制，向上生长减弱，叶形变窄。玉米苗后使用过量的百草敌，使主根扁化，叶片长成葱状叶，茎脆弱。

（3）酰胺类除草剂的药害症状。此类除草剂有的被植物叶片吸收，有的被幼芽吸收。一般单子叶植物被胚芽鞘吸收，双子叶植物被下胚轴吸收。甲草胺、异丙甲草胺使用不当，可使玉米叶片变心叶扭曲成鞭状，根茎节肿大。瘦弱的水稻秧苗使用敌稗，如过高或喷药不均匀，常使稻苗受害。轻者叶色稍变黄，重者叶片出现斑点或叶尖枯焦，严重的整个叶片枯死。

（4）二硝基苯胺类除草剂的药害症状。植物受害的典型症状是抑制生长，并使细胞体积扩大，严重抑制次生根的形成，植物不产生次生根或次生根少、短而膨大或畸形。从幼芽受害的症状来看，双子叶植物幼芽伸长下降或矮化，子叶革质状，茎或下胚轴膨胀与脆弱，色深绿。单子叶植物幼芽平卧与扭曲，矮化，呈红紫色。用0.28kg/hm^2的氟乐灵处理棉花，其次生根便完全被抑制。此外，氟乐灵对幼芽也有抑制作用。用药量越高，幼芽矮化程度越严重，受影响的时间也越长，玉米幼芽的矮化程度比初生根严重。一般二硝基苯胺类除草剂对单子叶植物幼芽的抑制作用比双子叶植物严重。

（5）取代脲类除草剂的药害症状。此类除草剂主要是被植物的根和茎叶吸收，因此其对植物的毒害症状主要表现在叶片上。叶片吸收药剂后，部分面积叶色变成淡绿，然后成水浸状，最后枯死。如果叶片内药剂浓度较低时，经数天后叶片开始褪色或出现灰斑并迅速发黄，最后叶片凋萎。禾本科植物往往在叶尖处最先发生，然后向基部发展。取代脲类除草剂对玉米、大豆的毒害症状，首先是叶尖、叶缘变为黄色，随后变成褐色，严重的可使整个叶片变黄甚至枯死。在高温和强光下，受害迅速，死亡加快。上述毒害症状视植物种类、用药量、环境条件而异。

（6）氨基甲酸酯类除草剂的药害症状。此类除草剂主要是通过植物的幼芽吸收，因此对植物的危害主要是抑制植物顶芽及其他分生组织的发育。在禾本科植物中抑制分生组织，使胚芽鞘畸形。氯苄灵能使小麦叶片失绿。对阔叶植物的危害症状是植物生长点受抑制，叶片成杯状形，受害轻的杂草出土后叶片卷曲，茎肿大，脆而易折断。药剂对植物生长点的影响比根重。例如，大豆田使用灭草敌时，如播种过深或遇低温，幼苗的叶片皱缩，生长缓慢。

（7）硫代氨基甲酸酯类除草剂的药害症状。此类除草剂主要是抑制植物生长，它们对幼芽的抑制比对根的抑制严重。抑制作用的强弱与药剂的浓度有关。药害的主要症状是植物叶片卷曲、茎脆、叶鞘矮化与扭转，颜色暗绿。

（8）酚类除草剂的药害症状。此类除草剂都是触杀性除草剂，既可进行土壤处理，也可茎叶处理。二硝甲酚及其类似物能阻碍花粉萌发，抑制花粉管生长并伤害柱头使其丧失功能。其他药害症状与一般触杀性除草剂相似。

（9）二苯醚类除草剂的药害症状。二苯醚类除草剂通过根和茎叶吸收，主要起触杀作用，在植物体内传导有限。用三氟羧草醚（杂草焚）对大豆进行叶面处理时，大豆叶片表面产生褐色斑点，老叶和幼嫩叶片也同样受到伤害，严重时可使整个叶片枯焦，但不破坏生长点，因此，还能逐渐恢复生长。氟磺胺草醚

(虎威）在高温干旱天气喷洒大豆，易产生药害。其症状是药后数天，大豆叶片表面产生枯斑，枯斑边缘为红褐色。乙氧氟草醚是一个高活性品种，在稻田使用水稻会产生暂时性的轻微药害，如叶鞘变褐、叶片凋萎，但不影响产量。

（10）均三氮苯类除草剂的药害症状。此类除草剂主要是抑制植物的光合作用，失绿是最先出现的典型药害症状。植物叶片出现枯斑、坏死、变黄，最后枯死。例如，西玛津早期的药害症状是叶脉仍呈绿色，而叶脉之间呈黄色，当症状进一步发展时，整个叶片黄化和灼焦。嗪草酮如用量过多，大豆出苗后真叶叶缘变黄，并逐渐向内扩展，使整个大豆叶片变成黄色，最后真叶干枯脱落，但叶脉常残留淡绿颜色。

玉米田莠去津用量过多，其残留毒性可使后茬作物（如小麦、大豆等）受害。受害后的小麦幼苗从叶尖开始枯黄，似火烧状。大豆受害后叶片失绿，然后变黄，逐渐变成褐色，一般下部叶片较上部叶片受害严重。氰草津施药过多时，对玉米也会产生药害，其症状是叶片失绿或变黄，生长受到抑制并逐渐枯萎。捕草净对玉米的药害表现在苗期，叶片先从叶尖端开始变黄，渐渐从叶尖向叶片基部扩展，直至整个叶片变成黄色。

（11）有机磷类除草剂的药害症状。此类除草剂一般具有低毒、低残留而易分解的特点。例如，草甘膦对植物的危害最先是失绿，随后植株逐渐变黄而枯萎，植株地上部分全部变成褐色，地下部分坏死。

（12）磺酰脲类除草剂的药害症状。此类除草剂可被植物的根、茎、叶吸收，在植物体内向上和向下传导。植物出现的明显受害症状包括幼龄组织失绿，有时显现紫色或花青素色，生长点坏死，叶脉失绿，植株生长严重受抑、矮化，最后导致全株枯死。此外，磺酰脲类除草剂对一些植物还产生偏上性生长。

（13）哒嗪酮类除草剂的药害症状。禾草敌与甲氟哒酮对植物典型而又最普遍的毒害症状是植物幼芽尖端与叶缘白化，叶片首先失绿，最终造成叶片死亡。克哒酮能使禾本科植物分蘖过多，植株矮化；双子叶植物子叶异常，变大加厚，真叶数增多，叶片变窄，叶肉组织少，但不影响叶脉发育。形成的叶舌类似叶片。

（14）吡啶类除草剂的药害症状。吡啶类除草剂使植物受害的症状是偏上性，木质部导管被堵塞并变成棕色、枯萎，脱叶、坏死，最终植株死亡。如低浓度的氨氯吡啶酸（毒莠定）能使植物叶片变形，新叶尖端沿中脉狭长，叶肉变厚，某些植物的幼龄叶片明显皱褶。随着剂量的提高，叶片呈杯状，植株矮化，顶端生长停止，其组织沿茎部增生，最初在茎的顶端，然后是节，最后整个茎的长度增长。此外，还会造成茎弯曲、开裂，根退化，最后植株迅速死亡。氨氯吡啶酸对植物生长的促进与抑制作用因植物的生育期、剂量而异。

（15）咪唑类除草剂的药害症状。咪唑类除草剂对植物药害的典型症状是植物叶片失绿，随之坏死。低剂量时一年生杂草需要1~2周才出现受害症状，高剂量时需要4~6周才出现受害症状，一般受害症状产生后3~7d，植株便死亡。

（16）嘧啶类除草剂的药害症状。此类除草剂与脲类除草剂相似，是典型的光合作用抑制剂。通过抑制光合作用而抑制植物幼芽生长，导致植株凋萎，最后植株死亡。

5. 药害的防止及补救措施

植物受害后，根据受害的程度、部位和受害药剂的不同，最终将产生不同的后果。一部分植物的药害是可逆的，即最终不影响生长和产量，例如，大豆田中使用乳氟禾草灵时可能会有一些药害，但最终不影响产量。但大部分的药害是不可逆的，最终将对产量和品质产生影响，受到损失。因此，对待作物的药害，也应该采取预防为主的方针。使用中要严格遵守操作技术规程，加强管理。在出现药害后只能采取措施进行部分补救，减少药害的损失，药害严重时，则只能毁种。

（1）预防药害的主要管理措施。一是严格掌握新药剂的审批、登记手续；在使用时，要严格按照标签要求使用。二是遵循药剂试验、示范、推广程序，坚持先试验、多点示范、总结经验，然后再推广。三是每个地区应因地制宜制定除草剂的安全使用操作技术规程，并贯彻与检查。四是加强培训，提高施药人员的技术素质。五是逐步建立与健全专业化技术服务经营管理体系。

（2）预防药害的主要技术措施。植物解毒剂的应用。如玉米播种前用解毒剂 NA（1,8-萘二甲酸酯），以 0.5%～1.0%（质量分数）作种子包衣，可保护玉米田不受硫代氨基甲酸酯类除草剂的毒害。此外，NA 对玉米田应用禾草灵，高粱田应用甲草胺和异丙甲草胺，水稻田应用甲草胺和禾草灵，均有最好的安全保护效果。选用和培育抗除草剂的作物品种。

（3）药害的解毒措施。解毒剂 R-25788 主要适用于硫代氨基甲酸酯类除草剂。用硫酸亚铁可降低百草枯对小麦、燕麦带来的药害（百草枯可溶胶剂自 2020 年 9 月 26 日起禁用）。多硫化钙可使土壤中残留的西玛津活性消失。

（4）药害的补救措施。对生长素类除草剂产生的药害，喷洒赤霉酸或撒石灰、草木灰、活性炭等，可减轻作物的药害；对触杀性除草剂产生的药害，可使用化学肥料和植物生长调节剂促使作物迅速恢复生长，相对能减少药害带来的经济损失；土壤处理除草剂产生的药害，可采取耕翻土地，灌水泡田，反复冲洗土壤等措施，尽量把土壤中的残留药剂冲洗排出。对于药剂残留严重的田块，改种不敏感的作物。

（三）减轻对有益生物的伤害

农药在使用时，环境中往往存在很多其他的生物，农药对它们同样会产生毒害作用。这些生物，它们有些是人类出于利用的目的而饲养的，如家蚕、蜜蜂、鱼、虾、蟹等；有些是可以帮助人类减少虫害的，如瓢虫、草蛉、青蛙等天敌；有些是对于生态保护有很大作用的，如鸟类、蚯蚓等。它们对于人类来说是有益的，通称为有益生物。

为了避免在使用农药时大量杀伤它们，原则上需要了解每种农药对它们的毒性，以便在使用农药时采取相应的措施来减少危害。由于有益生物种类很多，对每种都进行了解是十分困难的，因此，常用一些主要的有益生物作为代表，这些生物主要有蜜蜂、鸟类（鹌鹑、鸽子等）、鱼类（鲤鱼、虹鳟鱼等）、蚕（家蚕）、蚯蚓、水蚤、赤眼蜂等，以这些生物作为试验对象。试验的内容包括急性毒性试验和慢性毒性试验。根据试验的结果制定每种农药的安全使用注意事项。例如，通过试验证明，杀虫单等沙蚕毒素类产品对家蚕的毒性极高，因此在蚕桑上和桑田周围不得使用此类药剂。

（四）延缓和减轻有害生物耐药性的发生

有害生物的耐药性往往随着农药的使用而发生。耐药性是一种微进化现象，它的发展不像种群增长那样立即表现出来，只有在防治失败时才察觉。药剂的使用虽然暂时降低了有害生物的种群数量，但与此同时却增加了耐药性基因的频率。使用药剂的代价是消耗了一部分“自然资源”，即有害生物中的敏感性个体及它们所带的敏感性基因。这种敏感性个体在一次又一次使用杀虫剂的过程中逐步丧失，而一旦消耗殆尽时，再想恢复是一个十分缓慢的过程，甚至是不太可能的。因此，耐药性的预防比耐药性产生后的治理更为重要。

1. 耐药性的基本概念

（1）定义。生物体中对能杀死正常种群大部分个体药量所具有的耐受能力，在种群中逐渐发展的现象，称为耐药性。有 3 种情况可以导致对药剂耐受力增强：一是耐药性，二是自然耐药性，三是健壮耐药性。它们的区别在于耐药性是在多次用药后，生物个体对某种药剂的耐药力较原来正常情况有明显增加的现象，是药剂选择的结果；自然耐药性是指害虫对杀虫剂具有一种天然的低敏感性（高耐药性是先天性的，不是药剂选择产生的），这两种均可遗传；而健壮耐药性是由于营养条件或其他环境条件的改善而出现的耐药力增高的现象，是不稳定的，随着条件的改变而变化，不能遗传。

（2）交互耐药性。一个生物品系由于相同的耐药性机制，对用作选择药剂以外的其他药剂产生的耐药性。即生物体用一种药剂处理，而选择的单一耐药性基因，常对一些其他药剂也显示出不同程度的耐药性。

交互耐药性往往因为生物体内的解毒酶缺乏底物的特异性而引起。例如，多功能氧化酶几乎能够代谢许多不同类型的杀虫药剂，从而引起广谱的交互耐药性。耐药性监测过程中，都需进行交互耐药性谱的测定，取得无交互耐药性的或具有负交互耐药性的杀虫药剂，以替代现用的和已产生耐药性的杀虫剂，或是通过使用增效剂来破坏所涉及的耐药性机制。

（3）负交互耐药性。一种负相关的交互耐药性，即生物体对一种药剂有耐药性时，对另一种药剂反而更敏感的现象。它取决于生物体的生理生化过程，生物体对一种药剂解毒，而对另一种药剂增毒，这种现象是罕见且十分有用的，著名例子是，黑尾叶蝉对1-甲基氨基甲酸酯有耐药性而对1-丙基氨基甲酸酯敏感，对有机磷药剂谷硫磷有耐药性的螨对拟除虫菊酯敏感，对多菌灵有耐药性的灰霉病病菌对乙霉威更敏感。利用负交互耐药性的反选择作用，即一种药剂选择了某些对它有耐药性的个体，而另一种药剂却正好淘汰了这些个体。理论上，利用负交互耐药性的原理，可以使用只对耐药性生物体有毒效的新药剂，克服单一的耐药性机制，能引导生物体回到敏感的状态。

（4）多耐药性。一种生物由于不断地同时连续对其使用几种杀虫药剂，而使这种生物对许多药剂产生的耐药性。这是由于一些耐药性机制的存在，常是不同药剂选择的结果。每个机制一般还会不同程度地对其他药剂起交互耐药性作用，除了影响“自己”的选择剂外，不同的耐药性机制又时常相互作用，此作用会使耐药性增大。多耐药性可以导致对某些药剂继续增加耐药性，这是由于新化合物仍继续选择相同的耐药性机制，而这个机制是对已放弃的药剂有交互耐药性的。多耐药性常因连锁遗传表现为交互耐药性而不易区别。例如，用杀虫药剂 A 选择使基因 A 得到优势而增多，它会同时选择与基因 A 连锁的其他基因 B 或其等位基因，而这些基因同处在一个染色体上。那么，对于基因 A 的选择可能也使基因 B 增加。如果基因 B 增加了，看上去是交互耐药性，而实际上是多耐药性。

2. 耐药性产生的机制和主要影响因子

耐药性产生的主要机制一般可分为生理、生化和行为 3 种。

（1）生理机制。由于生理作用原因引起耐药性。

①穿透作用降低。杀虫剂穿透害虫的表皮和神经膜的作用降低，延缓药剂到达靶标部位的时间，在这一时间内，耐药性个体比敏感个体有更多的机会来降解这些化合物，从而减少到达靶标部位的药量。

②脂肪体等惰性部位贮存药剂的能力增强。

③靶标部位对药剂的敏感度降低，此类又称靶标或击倒耐药性。例如，杀虫剂中有机磷和氨基甲酸酯的靶标部位主要是乙酰胆碱酯酶（AchE），因此具有 AchE 敏感度降低的昆虫，对有机磷和氨基甲酸酯类杀虫剂可产生交互耐药性。滴滴涕和拟除虫菊酯的靶标部位是轴突的神经膜，因此具有神经膜敏感度降低的昆虫，对滴滴涕和拟除虫菊酯类杀虫剂可产生交互耐药性。

（2）生化机制。农药在虫体内代谢过程中，生化作用引起耐药性。生化作用主要包括活化作用降低和解毒作用增强。活化作用是指农药进入生物体后，在酶的作用下可以变成活性更高的代谢物。例如，马拉硫磷等有机磷杀虫剂，只有在多功能氧化酶作用下变成更毒的马拉氧磷时，才呈现有效的毒杀作用。当活化作用降低时，到达作用部位的有效杀虫剂的量便会减少。解毒作用则是指农药被分解而降低活性，例如，很多的农药可以因多功能氧化酶、酯酶、谷胱甘肽转移酶等解毒酶分解，当这些酶的量或活性增加后，对农药的代谢作用增强。

（3）行为机制。生物的行为做出避免药剂接触的有利选择，造成耐药性。例如，具有行为耐药性的蚊子对滴滴涕等杀虫剂具有过兴奋性，只要较低剂量滴滴涕的存在，就能使某些个体产生兴奋作用，从而逃离处理区而存活，主要是这些昆虫的受体比敏感昆虫能更好地识别杀虫剂。

影响耐药性形成的因子众多，其中有遗传学因子，如等位基因数目、起始基因频率、基因显隐性程度、基因的适合度、基因间的相互作用等；生物学和生态学因子，如每年的世代数、生殖方式、活动性和隔离性、食性和庇护所等；药剂和用药方面的因子，如药剂的理化性质、以前用药的历史、药剂的残效期、剂型、施药方式、施药阈限、选择阈限、防治虫期和防治区域等。改变这些因子，可影响耐药性发展的速度。

3. 耐药性治理

耐药性治理是采用各种手段阻止和延缓害虫种群的耐药性发生和发展的工作。它包括耐药性的预防和耐药性产生后的用药策略。

耐药性治理的基本出发点应是：降低耐药性等位基因频率；减少耐药性显性；降低耐药性遗传型适合度。

为此，在使用农药时，应该遵守以下策略：一是限制使用药剂，降低药剂的选择压，做法包括减少农药的使用次数和采用适当的使用剂量；二是换用无交互耐药性的杀虫剂；三是合理混用（包括应用增效剂）和轮用；四是选择靶标敏感的时期；五是镶嵌式防治。其中，第二和第三条措施是预防与治理耐药性的最主要措施，关键是要使用不同作用机制的杀虫剂。

害虫综合治理（IPM）为耐药性治理提供了有利条件，通过科学用药、保护利用天敌、选育抗虫作物和其他非化学药剂防治等措施降低杀虫剂选择压，达到减少环境污染和控制耐药性发展的目的。

二、科学使用农药注意事项

1. 对症下药

各类农药的品种很多，特点不同，应针对要防治的对象，选择最适合的品种，防止误用；并尽可能选用对天敌杀伤作用小的品种。

2. 适时施药

现在各地已对许多重要病、虫、草、鼠制定了防治标准，即常说的防治指标。根据调查结果，达到防治指标的田块应该施药防治，没达到指标的不必施药。施药时间一般根据有害生物的发育期、作物生长进度和农药品种而定，还应考虑田间天敌状况，尽可能躲开天敌对农药敏感期施用。既不能单纯强调“治早、治小”，也不能错过有利时期。特别是除草剂，施用时既要看草情又要看苗情。

3. 适量施药

任何种类农药均需要按照推荐用量使用，不能任意增减。为了做到准确，应将施用面积测量准确，药量和水量称量准确，不能草率估计，以防造成作物药害或影响防治效果。

4. 均匀施药

喷布农药时必须使药剂均匀周到地分布在作物或害物表面，以保证取得好的防治效果。现在使用的大多数内吸杀虫剂和杀菌剂，以向植株上部传导为主，称向顶性传导作用，很少向下传导的，因此也要喷洒均匀周到。

5. 合理轮换用药

多年实践证明，在一个地区长期连续使用单一品种农药，容易使有害生物产生耐药性，特别是一些菊酯类杀虫剂和内吸性杀菌剂，连续使用数年，防治效果会大幅度降低。轮换使用作用机制不同的品种，是延缓有害生物产生耐药性的有效方法之一。

6. 合理混用

合理地混用农药可以提高防治效果，延缓有害生物产生耐药性或兼治不同种类的有害生物，节省人力。混用的主要原则：混用必须增效，不能增加对人、畜的毒性。有效成分之间不能发生化学变化，例如，遇碱分解的有机磷杀虫剂不能与碱性强的石硫合剂混用。要随用随配，不宜贮存。

为了达到提高施药效果的目的，将作用机制或防治对象不同的两种或两种以上的商品农药混合使用。

有些商品农药可以同时混合使用，有的在混合后要立即使用，有些则不可以混合使用或没有必要混合使用。在考虑混合使用时必须有目的，如为了提高药效；扩大杀虫、除草、防病或治病范围；同时兼治其他虫害、病害；收到迅速消灭或抑制病、虫、草害的效果；防治抗性病、虫和草；用混合使用方法来解决农药不足的问题等。但不可盲目混用，因为有些种类的农药混合使用时不仅起不到好的作用，反而会使药剂的质量变坏或使有效成分分解失效，浪费了药剂。

除草剂之间的混用较为普遍，市售的很多除草剂产品本身就是混剂，如丁·苄（丁草胺+苄嘧磺隆）、二氯·苄（二氯喹啉酸+苄嘧磺隆）、禾田净（禾草特+西草津+二甲四氯）、威罗生（戊草净+哌草磷）、丁·恶（丁草胺+恶草灵）、新得力（苄嘧磺隆·甲磺隆）、玉丰（扑草净+莠去津）、乙·赛（乙草胺+莠去津）等。除草剂的混用除了提高药效和扩大杀草谱外，还有一个很重要的目的是降低单剂的使用剂量，从而防止对作物产生药害。

7. 注意安全采收间隔期

各类农药在施用后分解速度不同，残留时间长的品种，不能在临近收获期使用。有关部门已经根据多种农药的残留试验结果，制定了《农药安全使用标准》和《农药安全使用准则》，其中规定了各种农药在不同作物上的“安全间隔期”，即在收获前多长时间停止使用某种农药。

8. 注意保护环境

施用农药须防止污染附近水源、土壤等，一旦造成污染，可能影响水产养殖或人、畜饮水等，而且难于治理。按照使用说明书正确施药，一般不会造成环境污染。

三、安全使用农药注意事项

（一）施药人员应符合要求

（1）施药人员应身体健康，经过专业技术培训，具备一定的植保知识，严禁儿童、老人、体弱多病者以及经期、孕期、哺乳期妇女参与施用农药。

（2）施药人员需要穿着防护服，不得穿短袖上衣和短裤进行施药作业；身体不得有暴露部分；需要穿戴舒适、厚实的防护服，能吸收较多的药雾而不至于很快进入衣服的内侧，棉质防护服通气性好于塑料服；使用背负式手动喷雾器时，应穿戴防渗漏披肩；防护服要保持完好无损，施药作业结束后，应尽快把防护服清洗干净（图 2–6）。

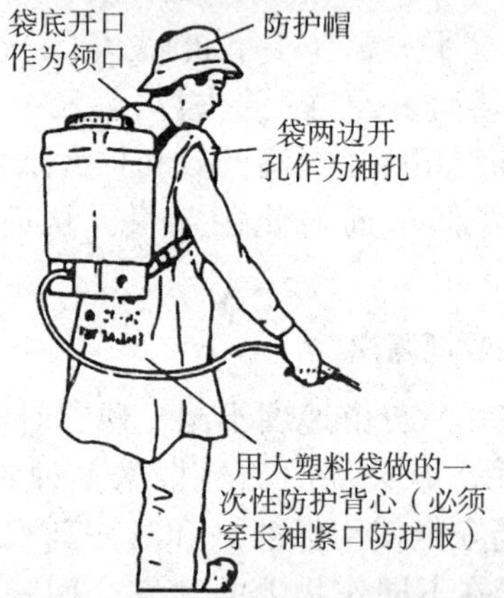

图 2–6　用大塑料袋做的一次性防药液滴漏的防护背心

农户用户可以购买国产或自行缝制的“多用途防护服”（图 2–7），此种防护服可以由塑料薄膜、橡胶材料或布料制成。可做成整体式，也可做成组合式。也可参考采用联合国粮食及农业组织根据非洲地区的特点所推荐的简易防护服（图 2–8）。

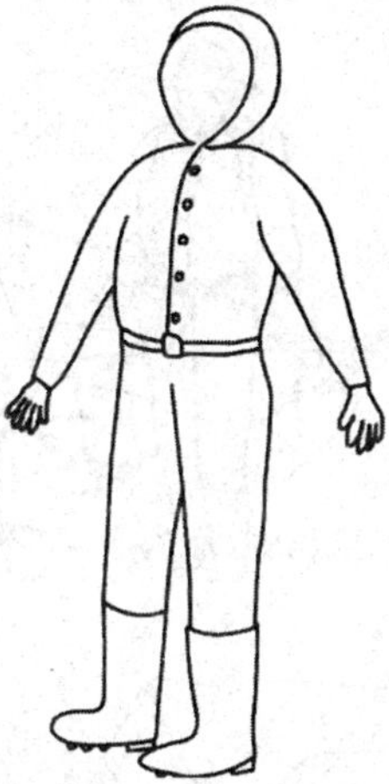

图 2-7　多用途防护服

（二）施药时间应安全

1. 应选择好天气施药

田间的温度、湿度、雨露、光照和气流等气象因子对施药质量影响很大。在刮大风和下雨等气象条件下施用农药，对药效影响很大，不仅污染环境，而且易使喷药人员中毒。刮大风时，药雾随风飘扬，使作物病菌、害虫、杂草表面接触到的药液减少；即使已附着在作物上的药液，也易被吹拂挥发，振动散落，大大降低防治效果；刮大风时，易使药液飘落到施药人员身上，增加中毒机会；刮大风时，如果施用除草剂，易使药液飘移，有可能造成药害。下大雨时，作物上的药液被雨水冲刷，既浪费了农药又降低了药效，且污染环境。应避免在雨天及风力大于 3 级（风速大于 4m/s）的条件下施药。

2. 应选择适宜时间施药

在气温较高时施药，施药人员易发生中毒。由于气温较高，农药挥发量增加，田间空气中农药浓度上升，加之人体散热时皮肤毛细血管扩展，农药经皮肤接触和呼吸道吸入引起中毒的危险

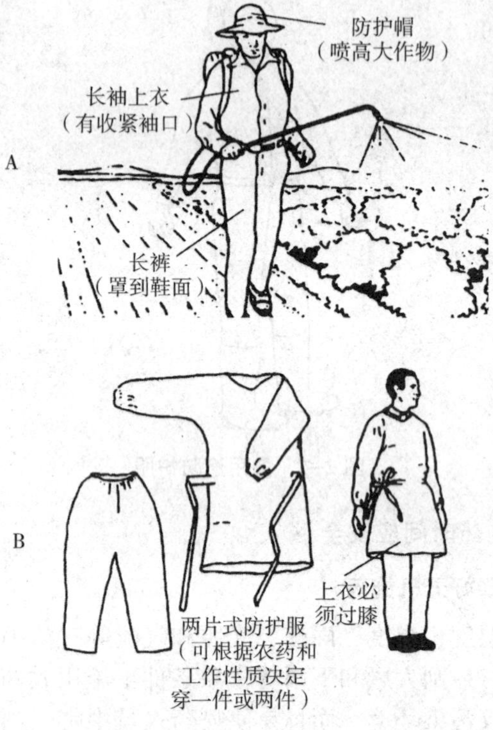

A. 整套式防护服　B. 两片式防护服

图 2–8　联合国粮食及农业组织推荐的简易防护服

性就增加。所以喷雾作业时，应避免夏季中午高温（30℃以上）的条件下施药。夏季高温季节喷施农药，要在 10 时前和 15 时后进行。对光敏感的农药选择在 10 时前或傍晚施用。施药人员每天喷药时间一般不得超过 6h。

（三）施药操作应规范

1. 田间施药

（1）进行喷雾作业时，应尽量采用降低容量的喷雾方式，把施药液量控制在 300L/hm^2 以下，避免采用大容量喷雾方法。喷雾作业时的行走方向应与风向垂直，最小夹角不小于 45°。喷雾作业时要保持人体处于上风方向喷药，实行顺风、隔行前进或退行，避免在施药区穿行。严禁逆风喷洒农药，以免药雾吹到操作者身上。

（2）为保证喷雾质量和药效，在风速过大（大于 5m/s）和风向常变不稳时不宜喷雾。特别是在喷洒除草剂时，当风速过大时容易引起雾滴飘移，造成邻近敏感作物药害。在使用触杀性除草剂时，喷头一定要加装防护罩，避免雾滴飘散引起的邻近敏感作物药害；另外，喷洒除草剂时喷雾压力不要超过 0.3MPa，避免高压喷雾作业时产生的细小雾滴飘散。

2. 设施内施药

在温室大棚等设施内施药时，应尽量避免常规大容量喷雾技术，如采用喷雾方法，最好采用低容量喷雾法。如采用烟雾法、粉尘法、电热熏蒸法等施药技术，应在傍晚进行，并同时封闭棚室。第二天将棚室通风 1h 后人员方可进入。

如在温室大棚内进行土壤熏蒸消毒，处理期间人员不得进入棚室，以免发生中毒。

第三节　农药残留的控制

一、农药残留的概念

农药残留是指农药使用后残存在生物体、农副产品和环境中的微量农药原体、降解物、有毒代谢物和杂质的总称。残存的数量称残留量，表示方法是每千克样品中有多少毫克（mg）。农药残留主要有对农副产品和环境两个方面的危害。在农作物、牧草、果树、蔬菜上的有过量使用的农药，若人、畜长期食用，就会对人、畜健康造成影响，引起中毒事故。残留在土壤中的农药因易被作物吸收所以会残留在作物中，或渗入地下水或被雨水、灌溉水带入河流，从而易引起因误饮带有残留农药的水而中毒，还可因为在土壤中的富集而对后茬作物产生药害。

世界卫生组织（WHO）和联合国粮食及农业组织（FAO）对农药残留限量的定义为按照良好的农业生产（GAP）规范，直接或间接使用农药后，在食品和饲料中形成的农药残留物的最大浓度。该数值的获取过程：根据农药及其残留物的毒性评价，按照国家颁布的《安全合理使用农药规范》和《良好农业规范》，适应本国各种病虫害的防治需要，以严密的技术监督、有效防治病虫害为前提，在取得的一系列残留数据中取有代表性的较高数值。它的直接作用是限制农产品中农药残留量，对公民身体健康起到保障作用。农药残留限量已成为各贸易国之间重要的技术壁垒。

一般情况下按照农药标签推荐的施用方法与时间、使用次数与剂量施用后，农产品中农药残留是不会超过国家标准规定的。如果农药在使用过程中不按照规定，农产品中农药残留就可能会超标。农产品中农药残留超标，可能会对人、畜的健康造成危害。近年来，影响我国农产品质量安全和国际贸易的重要因素就是农药残留超标。

二、农药残留的原因

喷洒在作物上的农药，其中一部分在作物上附着，一部分散落在土壤、大气和水等环境中，植物又会把环境残存的农药中的一部分吸收。残留农药直接通过植物果实或水、大气到达人和动物体内，或通过环境、食物链最终传递给人和动物。导致和影响农药残留的原因有很多，其中影响农药残留的主要因素有农药本身的性质、农药的使用方法以及环境因素。

（一）农药性质与农药残留

现已被禁用的汞、有机砷等农药，由于其代谢产物汞、砷最终无法降解而残存于环境和植物体中。

滴滴涕、六六六等有机氯农药和它们的代谢产物有稳定的化学性质，在农作物及环境中消解缓慢，同时容易积累在人和动物体内的脂肪中。所以虽然有机氯农药及其代谢物并没有很高的毒性，但它们仍然存在残留问题。

有机磷、氨基甲酸酯类农药没有稳定的化学性质，在施用后，容易受外界条件影响而分解。但有部分高毒和剧毒品种存在在有机磷和氨基甲酸酯类农药中，如甲胺磷、涕灭威、对硫磷、水胺硫磷、克百威等，如果在生长期较短、连续采收的蔬菜施用，则很容易造成因残留量超标使人、畜中毒。因此，以上农药被禁用于蔬菜、瓜果等作物上。

另外，虽然一部分农药本身具有较低的毒性，但其代谢物或生产杂质含有较高残毒。如三氯杀蛾醇中的杂质 DDT（双对氯苯基三氯乙烷）和丁硫克百威、丙硫克百威的主要代谢物克百威和3-羟基克百威，二硫代氨基甲酸酯类杀菌剂在生产过程中产生的杂质及其代谢物乙撑硫脲等毒性都较高。

农药的挥发性、内吸性、水溶性、吸附性对其在植物、水、大气、土壤等周围环境中的残留有直接影响。

（二）环境因素与农药残留

光照、温度、降水量、土壤酸碱度及有机质含量、微生物、植被情况等环境因素也对农药的降解速度有不同程度的影响，对农药残留造成影响。

（三）使用方法与农药残留

一般来讲，悬浮剂、乳油等用于直接喷洒的剂型对农作物有相对要大一些的污染。由于粉剂容易飘散而对环境和施药者有更大的危害。每个农药品种都有其适合的防治作物、防治对象，有其合理的使用次数、施药时间、施药量和安全间隔期。合理施用农药能在有效防治病虫草害的同时，降低农药对农副产品和环境的污染，减少不必要的浪费，而滥用农药、不加节制，必然会对农产品造成污染、对环境造成破坏。

三、农药残留的危害

世界各国都存在农药残留问题，只是程度有所不同，农药残留会有以下几方面危害。

（一）对健康的影响

农药残留含毒量高的食物被食用，会引起人、畜急性中毒事故。农药残留超标的农副产品被长期食用，急性中毒虽然不被引起，但人和动物的慢性中毒有可能会发生，致使发生疾病，甚至会对下一代造成影响。

（二）药害影响农业生产

由于农药使用的不合理，尤其是除草剂，使药害事故频繁发生，引起大面积减产甚至绝产，对农业生产造成严重影响。其中的一个重要原因是土壤中残留的长残效除草剂。

（三）农药残留影响进出口贸易

世界各国，特别是发达国家高度重视农药残留问题，对各种农副产品中农药残留的限量标准有越来越严格的规定。很多国家把农药残留限量视为技术壁垒，对农副产品进口进行限制，保护农业生产。

四、控制残留的注意事项

（一）注意栽培措施

一是选用品种要抗病虫；二是轮作要合理，减少土壤病虫积累；三是培育壮苗，密植合理，灌溉施肥要合理；四是采用土壤消毒和种子消毒，将病菌杀灭；五是采用味诱、灯诱等物理方法，将害虫诱杀。例如，灯光诱杀斜纹夜蛾等鳞翅目及金龟子等害虫；用性诱剂诱杀小菜蛾、斜纹夜蛾、甜菜夜蛾等；黄板诱杀蚜虫、粉虱、斑潜蝇等。

（二）采取生物防治方法

防治时充分发挥田间天敌控制害虫的作用。首先选用的栽培方式要适合天敌生存和繁殖，保护天敌的生存环境。如果园生草栽培法，利于天敌生存环境的保护，保护天敌的目的能达到。其次要注意，一旦发现害虫为害农作物，对天敌杀伤力大的化学农药应尽量避免使用，生物农药应优先选用。常用生物农药种类：

Bt 生物杀虫剂和抗生素类杀虫杀菌剂，如农用链霉素、甲氧基阿维菌素、阿维菌素、井冈霉素、农抗 120、浏阳霉素等；保幼激素类杀虫剂，如灭幼脲、定虫隆。植物源杀虫剂，如苦参素、绿浪等；昆虫病毒类杀虫剂，如奥绿 1 号等。

（三）选用低毒、低残留的化学农药

在生物农药难以控制的农作物生长后期，进行防治时可用这类农药。多杀菌素（菜喜）、安打、虫酰肼（美满、阿赛卡）、安克、氟虫腈（锐劲特）、虫螨腈（除尽）、菊酯类、伏虫隆（农梦特）、农地乐、吡虫啉（蚜虱净）、辛硫磷、除虫净、恶霉灵（杀毒矾）、霜脲锰锌（克露、克丹）、腐霉利、扑海因、敌力脱、哒螨灵（扫螨净）、甲霜灵、嘧菌胺（施佳乐）、多菌灵、氢氧化铜（可杀得）等农药比较适用。高毒高残留农药严禁使用，如甲基 1605、呋喃丹、氧乐果、3911、甲胺磷等。农药在使用中要选用适合的农药，农药使用要适时。使用次数和浓度严格控制，用药方法要合理。注意轮换使用不同种类农药，防止病虫抗药性的产生。农药使用安全间隔期严格执行。

第三章　常见农药类型

本章所列农药及使用技术为常见农药及推荐方法，具体使用剂量请以药品说明书或国家标准为准。

第一节　杀虫剂

一、有机磷杀虫剂

有机磷杀虫剂是一类最常用的农用杀虫剂，多数属高毒或中等毒类，少数为低毒类。有机磷杀虫剂在世界范围内广泛用于防治植物病、虫害，它对人和动物的主要毒性来自抑制乙酰胆碱酯酶引起的神经毒性。

（一）敌百虫

（1）特点。为高效、低毒、低残留、广谱性杀虫剂，胃毒作用强，兼有触杀作用，对植物有一定的渗透性，但无传导作用，残效期短，对人、畜低毒。

（2）制剂。30%乳油，80%可溶性粉剂，25%油剂，80%晶体等，常见的混配制剂有敌百·辛硫磷、敌百·毒死蜱、丙溴·敌百虫。

（3）使用技术。适用于防治多种植物上的咀嚼式口器害虫，但对一些刺吸式口器害虫（如蚧类、蚜虫类）效果不佳。一般用80%敌百虫晶体稀释800~1 000倍液喷雾，也可灌土、拌种、制备毒饵和烟剂等。

（4）注意事项。不能与碱性药物配合或同时使用，家禽不能用敌百虫驱虫，口服中毒禁用小苏打洗胃。

（二）敌敌畏

（1）特点。具有触杀、胃毒和熏蒸作用，对害虫击倒力强而快，具有很强的挥发性，温度越高，挥发性越大，因而杀虫效力很高，残效期 12d，为广谱性杀虫、杀螨剂，对人、畜中等毒性。

（2）制剂。48%、50%、80%乳油，2%、15%、30%烟剂，28%缓蚀剂，90%可溶液剂，22.5%油剂，混配制剂有溴氰·敌敌畏、敌敌畏·仲丁威等。

（3）使用技术。对咀嚼口器和刺吸口器的害虫均有效，可用于蔬菜、果树和多种农作物。防治菜青虫、甘蓝夜蛾、菜叶蜂、菜蚜、菜螟、斜纹夜蛾，用 80%敌敌畏乳油 1 500~2 000 倍液喷雾；防治二十八星瓢虫、烟青虫、粉虱、棉铃虫、小菜蛾、灯蛾、夜蛾，用 80%敌敌畏乳油 1 000 倍液喷雾；防治红蜘蛛、蚜虫用 50%敌敌畏乳油 1 000~1 500 倍液喷雾；防治小地老虎、黄守瓜、黄曲条跳虫甲，用 80%敌敌畏乳油 800~1 000 倍液喷雾或灌根；防治温室白粉虱，用 80%敌敌畏乳油 1 000 倍液喷雾，可防治成虫和若虫，每隔 5~7d 喷药 1 次，连喷 2~3 次，即可控制为害；防治豆野螟，于豇豆盛花期（2~3 个花相对集中时），在早晨 8 时前花瓣张开时喷洒 80%敌敌畏乳油 1 000 倍液，重点喷洒蕾、花、嫩荚及落地花，连喷 2~3 次。

（4）注意事项。豆类和瓜类的幼苗易产生药害，使用浓度不能偏高；该药对人、畜毒性大，易被皮肤吸收而中毒。中午高温时不宜施药，以防中毒；蔬菜收获前 7d 停止用药；不能与碱性农药混用；该品水溶液分解快，应随配随用；禽、鱼、蜜蜂对该药敏感，应慎用。

（三）辛硫磷

（1）其他名称。肟硫磷、倍腈松。

（2）特点。为高效、低毒、低残留杀虫剂，具有触杀及胃毒作用，可用于防治鳞翅目幼虫及蚜虫、螨类、介壳虫等，茎叶喷洒时持效期短，有效期仅 2~3d，但对地下害虫有效期长达 30~60d。

(3) 制剂。3%、5%颗粒剂，35%微胶囊剂，40%乳油，混配制剂有除脲·辛硫磷、啶虫·辛硫磷、高氯·辛硫磷、丙溴·辛硫磷、毒·辛等。

(4) 使用技术。广泛用于果树、蔬菜、农作物等防治鳞翅目、双翅目、同翅目、鞘翅目等害虫。防治菜青虫、棉铃虫、稻纵卷叶螟、蚜虫等害虫。一般每亩用40%辛硫磷乳油1 000~2 000倍液，加水50L喷雾，防治小麦蚜虫、麦叶蜂、棉蚜、菜青虫、蓟马、黏虫、果树上的蚜虫、苹果小卷叶蛾、梨星毛虫、葡萄斑叶蝉、尺蠖、粉虱、烟青虫等；每亩用50mL 40%辛硫磷乳油稀释1 000倍液喷雾，可防治稻苞虫、稻纵卷叶螟、叶蝉、飞虱、稻蓟马、棉铃虫、红铃虫、地老虎、小夜蛾、松毛虫等；5%辛硫磷颗粒剂 $30kg/hm^2$ 防治蝼蛄、蛴螬、地老虎、金针虫等地下害虫。

(5) 注意事项。辛硫磷易光解失效，应在傍晚或阴天时喷药，避免阳光照射影响药效；高粱对辛硫磷敏感，不宜喷洒使用。玉米田只能用颗粒剂防治玉米螟，不要喷雾防治蚜虫、黏虫等；果实采收前15d停止使用，在园林植物幼苗上慎用。

(四) 乐果

(1) 特点。为高效、低毒、低残留、广谱性杀虫剂，有较强的内吸传导作用，也具有一定的胃毒、触杀作用，对蚜虫、木虱、叶蝉、粉虱、蓟马、蚧类等刺吸式口器害虫和螨类有特效。

(2) 制剂。40%、50%乳油，1%~3%粉剂，20%可湿性粉剂。

(3) 使用技术。用于防治蔬菜、果树、茶、桑、棉、油料作物、粮食作物的多种具有刺吸式口器和咀嚼式口器害虫的害虫和叶螨，一般用40%乐果乳油稀释1 000~2 000倍液喷雾。

(4) 注意事项。梅、李、杏对乐果敏感，浓度过高易产生药害，以及蔬菜均不要使用乐果。

(五) 氧乐果

(1) 其他名称。氧化乐果。

(2) 特点。具有触杀、内吸及胃毒作用，对害虫和螨类有很强的触杀作用，尤其对一些已经对乐果产生抗药性的蚜虫，毒力较高，在低温期仍能保持较强的毒性。

（3）制剂。40%乳油。

（4）使用技术。低温期氧乐果的杀虫作用比乐果快。一般用40%氧乐果乳油 1 000~2 000 倍液喷雾，防治蚜虫、蓟马、叶跳甲、盲蝽象、叶蝉等；用 40%氧乐果 800~1 500 倍液喷雾，防治棉红蜘蛛、豌豆潜叶蝇、梨木虱、柑橘红蚧、实蝇、烟青虫等多种害虫。

（六）马拉硫磷

（1）其他名称。马拉松。

（2）特点。具有良好的触杀、胃毒和微弱的熏蒸作用，马拉硫磷持效期短，对刺吸式口器和咀嚼式口器害虫都有效。

（3）制剂。45%、70%乳油，25%油剂，1.2%、1.8%粉剂，混配制剂有高氯·马、氰戊·马拉松、马拉·异丙威、丁硫·马、马拉·矿物油等。

（4）使用技术。适用于防治草坪、牧草、花卉、观赏植物、蔬菜、果树等作物上的咀嚼式口器和刺吸式口器害虫，还可用来防治蚊、蝇等家庭卫生害虫以及体外寄生虫和人的体虱、头虱。一般用 45%马拉硫磷乳油加水稀释 2 000 倍液喷雾可防治菜蚜、棉蚜、棉蓟马，用 45%马拉硫磷乳油加水稀释 1 000 倍左右防治菜青虫、棉红蜘蛛、棉蝽象等。

（七）毒死蜱

（1）其他名称。乐斯本、氯吡硫磷、白蚁清、氯吡磷。

（2）特点。具触杀、胃毒及熏蒸作用，是一种广谱性杀虫杀螨剂，对鳞翅目幼虫、蚜虫、叶蝉及螨类效果好，也可用于防治地下害虫，对人、畜中毒。

（3）制剂。40%、40.7%、48%、25% 乳油，5%、10%、15%颗粒剂，混配制剂很多，如氯氰·毒死蜱、丙威·毒死蜱、啶虫·毒死蜱、多素·毒死蜱、毒·唑磷、毒·辛等。

（4）使用技术。防治果树、小麦、水稻、棉田等多种害虫，一般用40.7%毒死蜱乳油稀释1 000~2 000倍液喷雾。

（5）注意事项。毒死蜱对大棚瓜类、烟草及莴苣苗期敏感；不能与碱性农药混用，为保护蜜蜂，应避免在开花期使用；各种作物收获前应停止用药。

（八）乙酰甲胺磷

（1）其他名称。高灭磷、益土磷、杀虫磷、杀虫灵、酰胺磷。

（2）特点。属低毒广谱有机磷杀虫剂，具有内吸性胃毒和触杀作用，并可杀卵，有一定熏蒸作用，是缓效型杀虫剂，施药初期效果不明显，2~3d后效果显著，后效作用强，可防治多种咀嚼式、刺吸式口器害虫和害螨。

（3）制剂。20%、30%、40%乳油，25%可湿性粉剂，75%可溶性粉剂。

（4）使用技术。防治果树害虫用30%乙酰甲胺磷乳油加水500~750倍均匀喷雾；柑橘介壳虫在1龄若虫期防治效果最好，用30%乙酰甲胺磷乳油300~600倍液均匀喷雾；防治玉米、小麦黏虫，可在3龄幼虫前，每亩用30%乙酰甲胺磷乳油120~240mL，加水75~100kg喷雾；防治烟青虫，在3龄幼虫期，每亩用30%乙酰甲胺磷乳油100~200mL，加水50~100kg喷雾。

（5）注意事项。本产品在蔬菜的安全间隔期为7d，秋冬季节为9d，每季最多使用2次；水稻、棉花、果树、柑橘、烟草、玉米和小麦的安全间隔期为14d，每季最多使用1次。

（九）二嗪磷

（1）其他名称。二嗪农、地亚农、大亚仙农。

（2）特点。是含杂环的有机磷杀虫剂，广谱性杀虫、杀螨剂，有触杀作用、胃毒作用和熏蒸作用，也具有一定的内吸效能。

（3）制剂。25%、50%、60%乳油，40%微乳剂，10%、5%、4%颗粒剂，混配制剂有阿维·二嗪磷、二嗪·辛硫磷。

（4）使用技术。主要用于防治园艺植物、观赏植物和草坪上的食叶害虫、刺吸式口器害虫和地下害虫，也可防治家禽害虫和家畜害虫。对蔬菜蚜虫，每亩用50%二嗪磷乳油50~60mL，加水喷雾；对圆葱潜叶虫和豆类种蝇，每亩用50%二嗪磷乳油60~100mL，加水喷雾。

（5）注意事项。此药不能与敌稗混合使用，不能用铜罐、铜合金罐、塑料瓶盛装。

二、氨基甲酸酯类杀虫剂

该类杀虫剂的杀虫机理与有机磷相同，也是抑制乙酰胆碱酯酶，从而影响神经冲动传递，使昆虫中毒死亡。多数品种速效，残效期短，选择性强，对叶蝉、飞虱、蓟马、玉米螟防效好，对天敌安全，对高等植物低毒，在生物和环境中易降解，个别品种（克百威等）急性毒性极高，不同结构类型的品种、生物活性和防治对象差别很大，与有机磷混用，有的产生拮抗作用，有的具有增效作用。

（一）甲萘威

（1）其他名称。西维因。

（2）特点。具有触杀及胃毒作用，有轻微内吸性。

（3）制剂。25%、85%可湿性粉剂，混配制剂有聚醛·甲萘威颗粒。

（4）使用技术。可用于防治卷叶蛾、潜叶蛾、蓟马、叶蝉、蚜虫等害虫，还可用来防治对有机磷农药产生抗性的一些害虫。常用25%甲萘威可溶性粉剂稀释500~700倍液喷雾。

（5）注意事项。应注意甲萘威对蜜蜂有毒，故花期不宜使用。

（二）仲丁威

（1）其他名称。巴沙、扑杀威。

（2）特点。具有强烈的熏蒸作用，且具一定胃毒、熏蒸和杀卵作用，对叶蝉、飞虱等有特效，杀虫迅速，残效期短，对人、畜低毒。

（3）制剂。20%、25%、50%、80%乳油，20%水乳剂。

（4）使用技术。对棉蚜，每亩用25%仲丁威乳油100~150mL，加水50~75kg喷雾，药效期约7d。防治棉叶蝉，每亩用25%仲丁威乳油150~200mL加水喷雾。

（5）注意事项。不能同敌稗混用或连用，使用前后最好间隔10d以上，否则易引起药害。

（三）克百威

（1）其他名称。呋喃丹、大扶农。

（2）特点。具有内吸、胃毒、触杀及熏蒸作用，是一种广谱性杀虫、杀螨及杀线虫剂，对鞘翅目、同翅目、半翅目、鳞翅目及螨类等有很好的防治效果。

（3）制剂。2%、3%、5%颗粒剂，35%悬浮种衣剂。克百威是许多种衣剂的组成成分。

（4）使用技术。用于水稻、棉花、烟草、大豆等作物，在蔬菜、果树等直接食用作物上禁用。使用方法为种子处理和土壤施用颗粒剂，颗粒剂一般施于根部，由根部吸收传导而起杀虫作用，用根际施药法的优点是残效期长（可长达40d），不怕雨水，对天敌无影响，并且可与肥料一起混合施用，目前已广泛用于防治盆花上的害虫及地栽树木的枝梢害虫。

（5）注意事项。在稻田施用克百威，不能与敌稗、灭草灵混用，以免产生药害；蔬菜、果树、茶叶等直接食用的作物禁止使用。

（四）涕灭威

（1）其他名称。铁灭克。

（2）特点。具有内吸、触杀及胃毒作用，不仅具有杀虫作用，还可杀线虫和螨，持效期较长，对人、畜高毒。

（3）制剂。5%、15%颗粒剂。

（4）使用技术。棉蚜、棉盲蝽象、棉叶蜂、棉红蜘蛛、棉铃象甲、粉虱、蓟马、线虫等的防治可用沟施法，每亩用15%涕灭威颗粒剂1 000~1 200g或15%涕灭威颗粒剂334~400g，掺细土

5~10kg，拌匀后按垄开沟，将药和沙土均匀施入沟内，播下种子后覆土；防治盆栽花卉害虫如蚜虫、叶蝉、叶螨、蓟马及地下害虫时，每盆花用1~2g涕灭威或每亩用1kg涕灭威进行根施或穴施，然后覆土浇水，15d后即可见明显效果。

（5）注意事项。涕灭威不能用于拌种，穴施的药量仅为条施的一半；只准许在棉花、花生上使用，并限于地下水位低的地方。

（五）抗蚜威

（1）其他名称。辟蚜雾。

（2）特点。具有触杀、熏蒸和内吸作用。杀虫迅速，施药后几分钟即可杀灭蚜虫；持效期短，对作物、天敌安全，对蜜蜂安全。

（3）制剂。50%可湿性粉剂，50%、25%水分散粒剂。

（4）使用技术。各种制剂加水喷雾可防治十字花科蔬菜、油菜、小麦、大豆、烟草上的蚜虫。防治蔬菜蚜虫，每亩用50%抗蚜威可湿性粉剂10~18g加水30~50kg喷雾；防治烟草蚜虫，每亩用50%抗蚜威可湿性粉剂10~18g加水30~50kg喷雾；防治粮食及油料作物上的蚜虫，每亩用50%抗蚜威可湿性粉剂6~8g加水50~100kg喷雾。

（5）注意事项。抗蚜威在15℃以下使用效果不能充分发挥，使用时最好气温在20℃以上。

（六）灭多威

（1）其他名称。乙肟威、灭多虫、万灵。

（2）特点。具有触杀、胃毒作用，具有一定的杀卵效果，可用于果树、蔬菜、棉花、苜蓿、烟草、草坪草、观赏植物等，叶面喷雾可防治蚜虫、蓟马、黏虫、烟草卷叶虫、苜蓿叶象甲、烟草天蛾、棉铃虫、水稻螟虫、飞虱以及果树上的多种害虫。

（3）制剂。20%乳油、24%可溶性液剂、10%可湿性粉剂、40%可溶性粉剂。含灭多威的混配制剂有很多，如高氯·灭多威、辛硫·灭多威、吡虫·灭多威、阿维·灭多威等。

（4）使用技术。棉花害虫的防治，每亩用20%灭多威乳油90~120mL加水100kg喷雾；蔬菜害虫的防治，每亩用20%灭多威乳油100~120mL加水100kg喷雾；花生、大豆害虫的防治，每亩用20%灭多威乳油100~300mL加水100~300kg喷雾；甜菜害虫的防治，每亩用20%灭多威乳油100~300mL加水100~300kg喷雾。

（5）注意事项。灭多威挥发性强，有风天气不要喷药，以免飘移，引起中毒；蔬菜、果树、茶叶、菌类、中草药材及卫生害虫等均禁止使用。

（七）硫双威

（1）其他名称。拉维因、双灭多威、硫双灭多威。

（2）特点。以胃毒作用为主，兼具一定触杀作用，对主要的鳞翅目、鞘翅目和双翅目害虫有效，对鳞翅目的卵和成虫也有较高的活性，对皮肤无刺激作用，对眼睛有微刺激作用。

（3）制剂。25%、75%可湿性粉剂，375g/L悬浮剂，80%水分散粒剂。

（4）使用技术。于卵孵盛期进行棉铃虫、棉红铃虫的防治，每亩用75%硫双威可湿性粉剂50~100g加水50~100kg喷雾；防治二化螟、三化螟，每亩用75%硫双威可湿性粉剂100~150g加水100~150kg喷雾。

（八）茚虫威

（1）其他名称。安打、安美。

（2）特点。具有触杀和胃毒作用，用于鳞翅目害虫的防治，对环境中的非靶标生物非常安全，在作物中残留量低，用后第二天即可采收，尤其适用于蔬菜等多次采收类作物。

（3）制剂。30%水分散粒剂、150g/L悬浮剂、15%乳油。

（4）使用技术。防治小菜蛾、菜青虫，在2~3龄幼虫期每亩用30%茚虫威水分散粒剂4.4~8.8g或15%茚虫威悬浮剂8.8~13.3mL加水喷雾；防治甜菜夜蛾，低龄幼虫期每亩用30%茚虫威水分散粒剂4.4~8.8g或15%茚虫威悬浮剂8.8~17.6mL加水喷雾；防治棉铃虫，每亩用30%茚虫威水分散粒剂6.6~8.8g或15%茚虫威悬浮剂8.8~17.6mL加水喷雾，依棉铃虫为害的轻重，每次间隔5~7d，连续施药2~3次，清晨、傍晚施药效果更佳。

（5）注意事项。需要与不同作用机理的杀虫剂交替使用，每季作物上建议使用不超过3次，以避免抗性的产生。

（九）异丙威

（1）其他名称。灭扑散、叶蝉散。

（2）特点。具有较强的触杀作用，击倒力强，药效迅速，但残效期较短，对稻飞虱、叶蝉科害虫具有特效，可兼治蓟马和蚂蟥，对飞虱天敌、蜘蛛类安全。

（3）制剂。20%可湿性粉剂，20%乳油，2%、4%、10%粉剂，20%、15%、10%烟剂。

（4）使用技术。防治飞虱、叶蝉，每亩用2%异丙威粉剂2~2.5kg，直接喷粉或混细土15kg，均匀撒施；防治甘蔗飞虱，每亩用2%异丙威粉剂2.0~2.5kg，混细沙土20kg，撒施于甘蔗心叶及叶鞘间，防治效果良好；防治水稻害虫，用20%异丙威乳油150~200mL，加水75~100kg，均匀喷雾；防治柑橘潜叶蛾，用20%异丙威乳油加水500~800倍液喷雾。

（5）注意事项。不能同敌稗混用或连用，使用前后最好间隔10d以上，否则引起药害，也不能同碱性农药混用，以防药剂分解而降低防治效果；蔬菜、果树、茶叶、菌类、中草药材及卫生害虫等均禁止使用。

（十）丁硫克百威

（1）其他名称。好年冬、丁硫威。

（2）特点。具有内吸、胃毒和触杀作用，见效快、持效期长，杀虫谱广，用于防治水稻、小麦、玉米、棉花、甘蔗、苹果、柑橘等作物多种害虫、地下害虫和线虫。

（3）制剂。20%乳油，35%种子处理干粉剂，5%颗粒剂，混配制剂有丁硫·吡虫啉、阿维·丁硫、丁硫·毒死蜱等。

（4）使用技术。蚜虫类的防治，从蚜虫发生初盛期开始喷药，一般使用 40% 丁硫克百威水乳剂 2 000~2 500 倍液，或 200g/L 丁硫克百威乳油或 20% 丁硫克百威乳油 1 000~1 200 倍液，或 5% 丁硫克百威乳油 250~300 倍液均匀喷雾；蓟马类、飞虱类及潜叶蝇类害虫的防治，从害虫发生为害初期开始均匀喷药，一般使用 40% 丁硫克百威水乳剂 1 000~1 500 倍液，或 200g/L 丁硫克百威乳油或 20% 丁硫克百威乳油 500~700 倍液，或 5% 丁硫克百威乳油 150~200 倍液均匀喷雾；瓜果蔬菜地下害虫及根结线虫的防治，在幼苗移栽定植前于定植沟内或定植穴内均匀撒施药剂，每亩使用 5% 丁硫克百威颗粒剂 5~7kg，而后定植、覆土、浇水。

(5) 注意事项。在稻田使用时，避免同时使用敌稗和灭草灵，以防产生药害；禁止在蔬菜、果树、茶叶、菌类、中草药材及卫生害虫等均使用。

三、拟除虫菊酯类杀虫剂

拟除虫菊酯类杀虫剂是神经毒剂，作用于神经纤维膜，改变膜对钠离子的通透性，从而干扰神经而使害虫死亡。

(一) 氰戊菊酯

(1) 其他名称。速灭杀丁、敌虫菊酯。

(2) 特点。具有触杀和胃毒作用，无内吸传导和熏蒸作用，杀虫谱广，对天敌无选择性，对人、畜中等毒性，对鳞翅目幼虫效果好，对同翅目、直翅目、半翅目害虫也有较好防效，对螨类无效。

(3) 制剂。20%乳油，混配制剂有氰戊·丙溴磷、氰戊·辛硫磷、氰戊·马拉松。

(4) 使用技术。棉花害虫的防治，棉铃虫于卵孵盛期、幼虫蛀蕾铃之前施药，每亩用 20% 氰戊菊酯乳油 25~50mL 水喷雾，棉红铃虫在卵孵盛期也可用此浓度进行有效防治，同时可兼治小造桥虫、金刚钻、卷叶虫、蓟马、盲蝽等；棉蚜每亩用 20% 氰戊菊酯乳油 10~25mL，对伏蚜则要增加用量。果树害虫的防治，柑橘潜叶蛾在各季新梢放梢初期施药，每亩用20%氰戊菊酯乳油5 000~8 000倍液喷雾，同时兼治橘蚜、卷叶蛾、木虱等；柑橘介壳虫于卵孵盛期用20%氰戊菊酯乳油2 000~4 000倍液喷雾。蔬菜害虫的防治，菜青虫2~3龄幼虫发生期施药，每亩用20%氰戊菊酯乳油10~25mL；小菜蛾在3龄前每亩用20%氰戊菊酯乳油15~30mL进行防治。大豆害虫的防治，防治食心虫于大豆开花盛期、卵孵高峰期施药，每亩用20%氰戊菊酯乳油20~40mL，能有效防治豆荚被害，同时可兼治蚜虫、地老虎。小麦害虫的防治，防治麦蚜、黏虫，于麦蚜发生期、黏虫2~3龄幼虫发生期施药，用20%氰戊菊酯乳油3 000~4 000倍液喷雾。

（5）注意事项。在害虫、害螨并发的作物上使用此药，由于对螨无效、对天敌毒性高，易造成害螨猖獗，所以要配合杀螨剂。禁止在茶叶上使用。

（二）S-氰戊菊酯

（1）其他名称。来福灵。

（2）特点。触杀作用强，有一定的胃毒和拒食作用，效果迅速，击倒力强，可用于防治鳞翅目、半翅目、双翅目害虫的幼虫，对螨无效，对人、畜中等毒性，对鱼、蜜蜂高毒。

（3）制剂。5%乳油。

（4）使用技术。适用作物非常广泛，广泛使用于苹果、梨、桃、葡萄、山楂、枣、柑橘等果树，小麦、玉米、水稻、大豆、花生、棉花、甜菜等粮棉油糖作物，辣椒、番茄、茄子、十字花科蔬菜、马铃薯等瓜果蔬菜，烟草、茶树、森林等植物。一般用5%S-氰戊菊酯乳油稀释2 000~5 000倍液喷雾。

（5）注意事项。不能与碱性农药等物质混用，要随配随用，害虫、害螨并发的植物上要配合杀螨剂使用。

（三）溴氰菊酯

（1）其他名称。敌杀死、凯素灵、凯安保。

（2）特点。以触杀和胃毒作用为主，杀虫谱广，击倒速度快，防治多种果树、蔬菜、林木上的鳞翅目、同翅目、半翅目害虫，对人、畜中等毒性。

(3) 制剂。2.5%、5%乳油、2.5%水乳剂、2.5%悬浮剂、2.5%可湿性粉剂，混配制剂有溴氰·氧乐果、溴氰·辛硫磷等。

(4) 使用技术。主要用于喷雾防治害虫，有时根据需要也可拌土撒施。

①喷雾。从害虫盛发初期或卵孵化盛期开始用药，及时均匀、周到喷雾。在粮、棉、油、菜、糖、茶、中药植物及草地等非果树林木类作物上使用时，一般每亩用2.5%溴氰菊酯乳油40~50mL或2.5%溴氰菊酯可湿性粉剂40~50g加水喷雾；在果树、茶树、林木及花卉上使用时，一般使用2.5%溴氰菊酯乳油或2.5%溴氰菊酯可湿性粉剂1 500~2 000倍液，均匀喷雾。

②撒施。主要用于防治玉米螟，在喇叭口期进行用药，每亩用2.5%溴氰菊酯可湿性粉剂20~30g拌适量细土均匀撒施于玉米喇叭口内。

(5) 注意事项。该药对螨、蚧类的防效甚低，不可专门用作杀螨剂，以免害螨猖獗为害，最好不单一用于防治棉铃虫、蚜虫等抗性发展快的害虫。

(四) 甲氰菊酯

(1) 其他名称。灭扫利。

(2) 特点。具有触杀、胃毒及一定的忌避作用，杀虫谱广，可用于防治鳞翅目、鞘翅目、同翅目、双翅目、半翅目等害虫及多种害螨，对人、畜中等毒性。

(3) 制剂。10%、20%、30%乳油，20%水乳剂，20%可湿性粉剂，10%微乳剂，混配制剂有甲氰·噻螨酮、阿维·甲氰、甲氰·氧乐果等。

(4) 使用技术。主要通过喷雾防治害虫、害螨，在卵盛期至孵化期或害虫害螨发生初期或低龄期用药防治效果好。一般使用20%甲氰菊酯乳油或20%甲氰菊酯水乳剂或20%甲氰菊酯可湿性粉剂1 500~2 000倍液，或10%甲氰菊酯乳油或10%甲氰菊酯微乳剂800~1 000倍液，均匀喷雾，特别注意果树的下部及内膛。

(5) 注意事项。注意与有机磷类、有机氯类等不同类型药剂交替使用或混用，以防产生抗药性；在低温条件下药效更高、持效期更长，特别适合早春和秋冬使用；采收安全间隔期棉花为21d、苹果为14d；该药对鱼、蚕、蜂高毒，避免在桑园、养蜂区施药及药液流入河塘。

(五) 联苯菊酯

(1) 其他名称。氟氯菊酯、虫螨灵、天王星。

(2) 特点。具有触杀、胃毒作用，既有杀虫作用又有杀螨作用，可用于防治鳞翅目幼虫、蚜虫、叶蝉、粉虱、叶螨等，对人、畜中等毒性。

(3) 制剂。2.5%、10%乳油，混配制剂有很多，如联菊·啶虫脒、联菊·吡虫啉、联菊·炔螨特等。

(4) 使用技术。在粉虱发生初期，虫口密度低时（2头左右/株）施药，用2.5%联苯菊酯乳油2 000~2 500倍液喷雾，虫情严重时可选用2.5%联苯菊酯乳油4 000倍液与25%噻螨酮可湿性粉剂1 500倍液混用；蚜虫于发生初期用2.5%联苯菊酯乳油2 500~3 000倍液喷雾，残效期15d左右；红蜘蛛于成、若螨发生期施药，用2.5%联苯菊酯乳油2 000倍液喷雾，可10d内有效控制其为害。

(六) 氟氯氰菊酯

(1) 其他名称。百树菊酯、百树得、氟氯氰醚菊酯。

(2) 特点。具触杀及胃毒作用，杀虫谱广，作用迅速，药效显著，对多种鳞翅目幼虫、蚜虫、叶蝉等有良好的防效，对人、畜低毒。

(3) 制剂。2.5%、5%、5.7%乳油，5.7%水乳剂，常与有机磷杀虫剂制成混配制剂，如氟氯·丙溴磷、氟氯·毒死蜱、唑磷·氟氯氰等。

(4) 使用技术。防治小菜蛾、菜青虫、甜菜夜蛾、斜纹夜蛾、烟青虫、菜螟等抗性害虫，在1~2龄幼虫发生期，每亩用

2.5%氟氯氰菊酯乳油20~40mL，加水50kg喷雾；防治菜蚜、瓜蚜，每亩用2.5%氟氯氰菊酯乳油15~20mL，加水50kg喷雾；防治茄子叶螨、辣椒跗线螨，每亩用2.5%氟氯氰菊酯乳油30~50mL，加水50kg喷雾；防治枣、苹果、梨等果树的蠹蛾、小卷叶蛾，在低龄幼虫始发期或开花坐果期，用2.5%氟氯氰菊酯乳油2 000~4 000倍液喷雾；防治桃小食心虫、梨小食心虫、各种果树蚜虫，用2.5%氟氯氰菊酯乳油3 000~4 000倍稀释液喷雾；防治棉铃虫、棉红铃虫，每亩用2.5%氟氯氰菊酯乳油30~50mL，加水50~100kg喷雾，可兼治棉花叶螨、棉象甲；防治棉蚜，苗期每亩用2.5%氟氯氰菊酯乳油20mL，伏蚜每亩用2.5%氟氯氰菊酯乳油20~30mL加水50kg喷雾；防治玉米螟，在卵孵化盛期施药，用2.5%氟氯氰菊酯乳油5 000倍液稀释液喷雾。

（七）高效氯氟氰菊酯

（1）其他名称。三氟氯氰菊酯、功夫菊酯。

（2）特点。有强烈的触杀、胃毒作用，也有驱避作用，杀虫谱广，对螨类兼有抑制作用，对鳞翅目幼虫及同翅目、直翅目、半翅目等害虫均有很好的防效，适用于防治花卉、草坪、观赏植物上大多数害虫，对蜜蜂、家蚕、鱼类及水生生物有剧毒。

（3）制剂。2.5%乳油、2.5%微乳剂、2.5%水乳剂、10%可湿性粉剂、12.5%悬浮剂。

（4）使用技术。防治钻食性害虫，如水稻钻心虫、纵卷叶螟虫、棉铃虫等，在卵盛孵期，幼虫未钻进作物前用2.5%高效氯氟氰菊酯乳油1 500~2 000倍液兑水喷雾防治，药液均匀喷洒到作物受虫为害部分。防治果树害虫，防治桃小食心虫，用2.5%高效氯氟氰菊酯乳油2 000~4 000倍液；防治金纹细蛾，在成虫盛发期或卵孵化盛期用药，用2.5%高效氯氟氰菊酯乳油1 000~1 500倍液喷雾。防治地下害虫，如蛴螬、蝼蛄、金针虫和地老虎等，小麦种子用12.5%高效氯氟氰菊酯悬浮剂80~160mL拌种，拌种时先将所需药液用水混匀，再将种子倒入搅拌均匀，使药剂均匀包在种子上，堆闷2~4h即可播种。

(5) 注意事项。此药对螨仅为抑制作用，不能作为杀螨剂专用于防治害螨，不能与碱性物质混用。

(八) 氯氰菊酯

(1) 其他名称。安绿保、灭百可、兴棉宝、韩乐宝、赛波凯等。

(2) 特点。为广谱、触杀性杀虫剂，可以用来防治果树、蔬菜、草坪等植物上的鞘翅目、鳞翅目和双翅目害虫，也可以用来防治地下害虫，还可以用来防治动物体外寄生虫，如微小牛蜱及羊身上的痒螨属寄生虫、羊蜱蝇和其他各种瘿螨，对室内蜚蠊、蚊、蝇等传病媒介昆虫均有良好的防治效果。

(3) 制剂。5%、10%、20%乳油，12.5%、20%可湿性粉剂，1.5%超低容量喷雾剂，混配制剂有氯氰·毒死蜱、氯氰·辛硫磷、氯氰·吡虫啉、甲维盐·氯氰。

(4) 使用技术。果树害虫的防治，如柑橘潜叶蛾于放梢初期或卵孵盛期，用10%氯氰菊酯乳油2 000~4 000倍液加水喷施，同时可兼治橘蚜、卷叶蛾等；苹果桃小食心虫在卵果率0.5%~1%或卵孵盛期，用10%氯氰菊酯乳油2 000~4 000倍液进行防治。茶树害虫的防治，茶小绿叶蝉于若虫发生期、茶尺蠖于3龄幼虫期前进行防治，用10%氯氰菊酯乳油加水2 000~4 000倍液喷洒。甜菜害虫的防治，防治对有机磷类农药和其他菊酯类农药产生抗性的甜菜夜蛾，用10%氯氰菊酯乳油1 000~2 000倍液防治效果良好。

(九) 高效氯氰菊酯

(1) 其他名称。戊酸氰醚酯。

(2) 特点。具有触杀和胃毒作用，广泛用于防治农业害虫和卫生害虫，对鳞翅目、半翅目、双翅目、同翅目、鞘翅目等害虫均有良好的防效。

(3) 制剂。4.5%、2.5%、10%乳油，4.5%水乳剂，4.5%、5%可湿性粉剂，4.5%、5%微乳剂，5%悬浮剂等，混配制剂有阿维·高氯、高氯·灭幼脲、高氯·马等。

(4) 使用技术。棉蚜、蓟马，蚜株率达 30%或卷叶株率在 5%时进行防治，每亩用 4.5%高效氯氰菊酯乳油 30~50mL 加水 40~50kg 均匀喷雾；棉铃虫、红铃虫，在棉花二三代卵孵化盛期施药，每亩用 4.5%高效氯氰菊酯乳油 30~50mL 加水 40~50kg 均匀喷雾；菜青虫、小菜蛾幼虫 2~3 龄期进行防治，每亩用 4.5%高效氯氰菊酯乳油 20~40mL 加水 40~50kg 均匀喷雾；菜蚜在无翅蚜发生盛期防治，每亩用 4.5%高效氯氰菊酯乳油 20~30mL 加水 40~50kg 均匀喷雾；柑橘潜叶蛾在放梢初期及卵孵化盛期进行防治，每亩用 4.5%高效氯氰菊酯乳油加水稀释 2 250~3 000 倍液喷雾；柑橘红蜡蚧在卵孵化盛期防治，每亩用 4.5%高效氯氰菊酯乳油加水稀释 900 倍液均匀喷雾。

(5) 注意事项。高效氯氰菊酯没有内吸作用，喷雾时必须均匀、周密；安全采收间隔期一般为 10d；对鱼、蜜蜂和家蚕有毒，不能在蜂场和桑园内及其周围使用，并避免药液污染鱼塘、河流等水域。

四、昆虫生长调节剂

昆虫生长调节剂是昆虫脑激素、保幼激素和蜕皮激素的类似物以及几丁质合成抑制剂等对昆虫的生长、变态、滞育等主要生理现象有重要调控作用的各类化合物的通称。昆虫生长调节剂并不快速杀死昆虫，而是通过干扰昆虫的正常生产发育来减轻害虫对农作物的为害。昆虫激素类似物选择性高，一般不会引起抗性，且对人、畜和天敌安全，能保持正常的自然生态平衡而不会导致环境污染，是生产无公害农产品尤其是无公害瓜果菜产品应该优先选用的药剂。

使用昆虫生长调节剂类农药防治农业害虫，要注意选择最佳施药时间，即在各类害虫卵的盛孵期而不同于一般药剂的最佳施药期（低龄幼虫期），因为此类农药都属于缓效农药，要严格按照有关药剂标签要求规定的用药剂量使用，不要随意增加或减少，才能取得最好的防治效果。我国目前应用的昆虫生长调节剂类农药主要种类有灭幼脲、除虫脲、氟虫脲、氟硫脲、氟啶脲、丁醚脲、噻嗪酮、灭蝇胺、虫酰肼、甲氧虫酰肼等。

（一）灭幼脲

（1）其他名称。灭幼脲三号、苏脲一号、一氯苯隆。

（2）特点。以胃毒作用为主，对鳞翅目幼虫有良好的防治效果，对益虫和蜜蜂等膜翅目昆虫和森林鸟类几乎无害，对人、畜和天敌安全。

（3）制剂。25%、50%悬浮剂，25%可湿性粉剂，常见的混配制剂有阿维·灭幼脲、哒螨·灭幼脲、灭脲·吡虫啉等。

（4）使用技术。防治森林松毛虫、舞毒蛾、舟蛾、天幕毛虫、美国白蛾等食叶类害虫用25%灭幼脲悬浮剂2 000~4 000倍液均匀喷雾，飞机超低容量喷雾每公顷450~600mL，在其中加入适当的尿素效果会更好；防治农作物黏虫、螟虫、菜青虫、小菜蛾、甘蓝夜蛾等害虫，用25%灭幼脲悬浮剂2 000~2 500倍液均匀喷雾；防治桃小食心虫、茶尺蠖等害虫用25%灭幼脲悬浮剂2 000~3 000倍液均匀喷雾。

（5）注意事项。此药在2龄前幼虫期进行防治效果最好，虫龄越大，防效越差；该药于施药3~5d后药效才明显，7d左右出现死亡高峰；忌与速效性杀虫剂混配，使灭幼脲类药剂失去了应有的绿色、安全、环保作用和意义；灭幼脲悬浮剂有沉淀现象，使用时要先摇匀后加少量水稀释，再加水至合适的浓度，搅匀后喷用；灭幼脲类药剂不能与碱性物质混用，以免降低药效，与一般酸性或中性的药剂混用药效不会降低。

（二）除虫脲

（1）其他名称。伏虫脲、敌灭灵、氟脲杀。

（2）特点。以胃毒和触杀作用为主，对鳞翅目害虫有特效，对鞘翅目、双翅目多种害虫也有效，对人、畜低毒。

（3）制剂。20%悬浮剂，25%、50%、75%可湿性粉剂，5%乳油，混配制剂有除脲·辛硫磷、阿维·除虫脲。

（4）使用技术。可防治黏虫、玉米螟、玉米铁甲虫、棉铃虫、稻纵卷叶螟、二化螟、柑橘木虱等害虫，以及菜青虫、小菜蛾、甜菜夜蛾、斜纹夜蛾等蔬菜害虫。防治菜青虫、小菜蛾，在幼虫发生初期，每亩用20%除虫脲悬浮剂15~20g，加水喷雾；防治斜纹夜蛾，在产卵高峰期或孵化期，用20%除虫脲悬浮剂400~500倍液喷雾，可杀死幼虫，并有杀卵作用；防治甜菜夜蛾，在幼虫初期用20%除虫脲悬浮剂100倍液喷雾，喷洒要力争均匀、周密，否则防效差。

（5）注意事项。施药宜早，掌握在幼虫低龄期为好；保存时应放在阴凉、干燥处，胶悬剂如有沉淀，用前摇匀再配药；家蚕养殖区施用本品应慎重。

（三）氟铃脲

（1）其他名称。盖虫散。

（2）特点。具有很高的杀虫和杀卵活性而且速效，尤其是防治棉铃虫，在害虫发生初期（如成虫始现期和产卵期）施药最佳，在草坪及空气湿润的条件下施药可提高盖虫散的杀卵效果。

（3）制剂。5%乳油，20%水分散粒剂，混配制剂有甲维·氟铃脲、氟铃·毒死蜱、高氯·氟铃脲等。

（4）使用技术。主要用于防治鳞翅目害虫，如菜青虫、小菜蛾、甜菜夜蛾、甘蓝夜蛾、烟青虫、棉铃虫、金纹细蛾、潜叶蛾、卷叶蛾、造桥虫、桃蛀螟、刺蛾类、毛虫类等。防治枣树、苹果、梨等果树的金纹细蛾、桃潜蛾、卷叶蛾、刺蛾、桃蛀螟等多种害虫，可在卵孵化盛期或低龄幼虫期用5%氟铃脲乳油1 000~2 000倍液+1 000倍液“天达2116”（果树专用型）1 000倍液喷洒，药效可维持20d以上；防治柑橘潜叶蛾，可在卵孵化盛期用5%氟铃脲乳油1 000倍液+“天达2116”（果树专用型）1 000倍液喷雾；防治枣树、苹果等果树的棉铃虫、食心虫等害虫，可在卵孵化盛期或初孵化幼虫入果之前用5%氟铃脲乳油1 000倍液+“天达2116”（果树专用型）1 000倍液喷雾。

（5）注意事项。对食叶害虫应在低龄幼虫期施药。钻蛀性害虫应在产卵盛期、卵孵化盛期施药；该药剂无内吸性和渗透性，喷药要均匀、周密。

（四）氟虫脲

（1）其他名称。卡死克。

（2）特点。具有胃毒和触杀作用，作用缓慢，一般施药后10d才有明显效果，广泛用于柑橘、棉花、葡萄、大豆、玉米和咖啡上，对植食性螨类和其他许多害虫均有特效，对捕食性螨和天敌昆虫安全。

（3）制剂。5%可分散液剂。

（4）使用技术。主要通过喷雾防治害虫及害螨。在苹果、柑橘等果树上喷施时，一般使用5%氟虫脲可分散液剂1 000~1 500倍液喷雾；在蔬菜、棉花等作物上喷施时，一般每亩用5%氟虫脲可分散液剂30~50mL加水30~45L喷雾；防治草地蝗虫时，一般每亩用5%氟虫脲可分散液剂10~15mL加水后均匀喷雾，喷药时应均匀、细致、周到。

（5）注意事项。对由于该药杀灭作用较慢，所以施药时间要较一般杀虫、杀螨剂提前2~3d，防治钻蛀性害虫，宜在卵孵化盛期至幼虫蛀入作物前施药，防治害螨时宜在幼螨、若螨盛发期施药。

（五）氟啶脲

（1）其他名称。抑太保、定虫脲、伏虫脲。

（2）特点。以胃毒作用为主，兼有触杀作用，对鳞翅目害虫，如甜菜夜蛾、斜纹夜蛾有特效，对刺吸式口器害虫无效，残效期一般可持续2~3周，对使用有机磷、氨基甲酸酯、拟除虫菊酯等其他杀虫剂已产生抗性的害虫有良好的防治效果。

（3）制剂。5%乳油，混配制剂有甲维·氟啶脲、高氯·氟啶脲、氟啶·毒死蜱等。

（4）使用技术。茄果类及瓜果类蔬菜的棉铃虫、甜菜夜蛾、烟青虫、斜纹夜蛾等鳞翅目害虫的防治，在害虫卵孵化盛期至幼虫钻蛀为害前或低龄幼虫期开始均匀喷药，7d左右1次，害虫发生偏重时最好与速效性杀虫剂混配使用，一般使用5%氟啶脲乳油 400~600 倍液或 50% 氟啶脲乳油 4 000~6 000 倍液均匀喷雾。豆类蔬菜的豆荚螟、豆野螟等鳞翅目害虫的防治，在害虫卵孵化盛期至幼虫钻蛀为害前喷药，重点喷洒花蕾、嫩荚等部位，早、晚喷药效果较好，一般使用 5% 氟啶脲乳油 600~800 倍液或 50% 氟啶脲乳油 6 000~8 000 倍液喷雾。

（5）注意事项。喷药时要使药液湿润全部枝叶，才能发挥药效，适期较一般有机磷、除虫菊酯类杀虫剂提早 3d 左右，在低龄幼虫期喷药，钻蛀性害虫宜在产卵高峰盛期施药效果好。

（六）丁醚脲

（1）其他名称。宝路、克螨隆、杀螨脲。

（2）特点。是一种新型硫脲杀虫、杀螨剂，杀虫杀螨剂，具有触杀、胃毒作用，对氨基甲酸酯、有机磷和拟除虫菊酯类产生抗性的害虫具有较好的防治效果，低毒，但对鱼、蜜蜂高毒。

（3）制剂。25%乳油，50%可湿性粉剂。

（4）使用技术。防治苹果和柑橘害螨，用 50% 丁醚脲可湿性粉剂 1 000~2 000 倍液或 25% 丁醚脲乳油 1 000~1 500 倍液喷雾，持效期可达 20~30d，安全间隔期为 7d，每季作物最多施药 1 次。

（5）注意事项。安全间隔期 7d，每季作物最多施药 1 次；螨害发生重时，尤其成螨、幼螨、若螨及螨卵同时存在，必须保证必要的用药量。

（七）噻嗪酮

（1）其他名称。扑虱灵、优乐得。

（2）特点。以触杀作用为主，兼具胃毒作用，具渗透性，用于防治果树、茶树、水稻上的同翅目害虫，如叶蝉、飞虱、介壳虫等。

（3）制剂。25%、65%、80% 可湿性粉剂，25%、40%、50% 悬浮剂，40%、20% 水分散粒剂，混配制剂有噻嗪 · 异丙威等。

（4）使用技术。对同翅目的飞虱、叶蝉、粉虱及介壳虫类害虫有特效。防治水稻害虫如稻飞虱、叶蝉类，每亩用 25% 噻嗪酮可湿性粉剂 20~30g 加水 50~75kg 喷雾；果树害虫如柑橘矢尖蚧、黑刺粉虱等，用25%噻嗪酮可湿性粉剂1 500~2 000倍液喷雾；茶树害虫如茶小绿叶蝉，用25%噻嗪酮可湿性粉剂750~1 500倍液喷雾；蔬菜害虫如白粉虱等，用25%噻嗪酮可湿性粉剂1 500~2 000倍液喷雾。

（5）注意事项。药液不宜直接接触白菜、萝卜，否则将出现褐斑及绿叶白化等药害；不可用于毒土法，应兑水稀释后搅拌均匀喷洒。

（八）灭蝇胺

（1）特点。具有内吸、触杀和胃毒作用，其特点是有强内吸传导作用，使双翅目幼虫和蛹在发育过程中发生畸形变态，成虫羽化受抑制或不完全。

（2）制剂。30%、50%、70%、75%可湿性粉剂，20%、50%可溶性粉剂，80%、70%、60%水分散粒剂，10%、20%悬浮剂，15%颗粒剂，混配制剂有灭胺·杀虫单等。

（3）使用技术。各种瓜果蔬菜的多种潜叶蝇的防治，从初见虫道时开始喷药，7~10d 1次，连喷2次，喷雾必须均匀周到。一般使用10%灭蝇胺悬浮剂300~400倍液或20%灭蝇胺可溶性粉剂600~800倍液或50%灭蝇胺可湿性粉剂或50%灭蝇胺可溶性粉剂1 500~2 000倍液，或70%灭蝇胺可湿性粉剂或70%灭蝇胺水分散粒剂2 000~2 500倍液，或75%灭蝇胺可湿性粉剂2 500~3 000倍液均匀喷雾。防治韭菜根蛆时，在害虫发生初期或每次收割1d后用药液浇灌或顺垄淋根1次；防治葱、蒜根蛆时，在害虫发生初期用药液浇灌或顺垄淋根。一般使用10%灭蝇胺悬浮剂400倍液或20%灭蝇胺可溶性粉剂800倍液或50%灭蝇胺可湿性粉剂或50%灭蝇胺可溶性粉剂2 000倍液或70%灭蝇胺可湿性粉剂3 000倍液或70%灭蝇胺水分散粒剂3 000倍液，或75%灭蝇胺可湿性粉剂3 500倍液浇灌或淋根，淋根用药时，用药液量要尽量充足，以使药液充分淋渗到植株根部。

（4）注意事项。注意与不同作用机理的药剂交替使用，以减缓害虫抗药性的产生。喷药时，若在药液中混加0.03%的有机硅或0.1%的中性洗衣粉，可显著提高药剂防效。

(九) 虫酰肼

(1) 其他名称。米满。

(2) 特点。具胃毒和触杀作用，杀虫活性高，选择性强，并有杀卵活性，用于防治蔬菜、果树、林木上的鳞翅目幼虫，在幼虫低龄期加水喷雾。

(3) 制剂。20%、10%、30%悬浮剂，10%乳油，混配制剂有甲维·虫酰肼、虫酰·辛硫磷等。

(4) 使用技术。防治枣、苹果、梨、桃等果树卷叶虫、食心虫、各种刺蛾、各种毛虫、潜叶蛾、尺蠖等害虫，用20%虫酰肼悬浮剂1 000~2 000倍液喷雾；防治蔬菜、棉花、烟草、粮食等作物的抗性害虫，棉铃虫、小菜蛾、菜青虫、甜菜夜蛾及其他鳞翅目害虫，用20%虫酰肼悬浮剂1 000~2 500倍液喷雾。

(5) 注意事项。该药对卵效果差，在幼虫发生初期喷药效果好；虫酰肼对鱼和水生脊椎动物有毒，对蚕高毒，用药时不要污染水源。

(十) 甲氧虫酰肼

(1) 特点。新一代双酰肼类昆虫调节剂，可诱使害虫过早蜕皮，从而相对快速地抑制昆虫进食，对防治对象选择性强，只对鳞翅目幼虫和卵有效，对抗性鳞翅目幼虫防治效果也好。

(2) 制剂。24%悬浮剂。

(3) 使用技术。防治水稻二化螟，在以双季稻为主的地区，一代二化螟多发生在早稻秧田及移栽早、开始分蘖的本田禾苗上防止造成枯梢和枯心苗，一般在蚁螟孵化高峰前2~3d施药；防治虫伤株、枯孕穗和白穗，一般在蚁螟孵化始盛期至高峰期施药，每亩用24%甲氧虫酰肼悬浮剂20.8~27.8g，加水50~100L喷雾。防治果树害虫，如苹果蠹蛾、苹小食心虫等，在成虫开始产卵前或害虫蛀果前施药，每亩用24%甲氧虫酰肼悬浮剂12~16g，加水200L喷雾，重发区建议用最高推荐剂量，10~18d后再喷1次，安全间隔期14d。防治蔬菜害虫，如甜菜夜蛾、斜纹夜蛾，在卵孵化盛期和低龄幼虫期施药，每亩用24%甲氧虫酰肼悬浮剂10~20g，加水40~50L喷雾。

（4）注意事项。施药时期掌握在卵孵化盛期或害虫发生初期。

五、其他类型杀虫剂

（一）新烟碱类杀虫剂

新烟碱类化合物是一类高效、安全、高选择性的新型杀虫剂，在国内外市场发展很快。我国从20世纪80年代末就开始了对新烟碱类杀虫剂的研究开发，目前已取得不少进展。新烟碱类杀虫剂的最大特点是对目前多种抗性害虫显示出了优异的防效和对哺乳动物毒性较低。新烟碱类第一个产品吡虫啉的优良的内吸性和高效、低毒、杀虫谱广、持效期长等特点很快得到社会公认。吡虫啉是通过与烟碱型的乙酰胆碱受体结合，使昆虫异常兴奋，全身痉挛麻痹而死，因此，该杀虫剂还具有良好的根部内吸活性、胃毒和触杀作用，对同翅目（吮吸口器害虫）效果明显，对鞘翅目、双翅目和鳞翅目也有效。新烟碱类杀虫剂有吡虫啉、啶虫脒、噻虫嗪、烯啶虫胺、氯噻啉、噻虫啉、噻虫胺、呋虫胺等。

1. 吡虫啉

（1）其他名称。大功臣、高巧、咪蚜胺、蚜虱净。

（2）特点。是新型烟碱型超高效低毒内吸性杀虫剂，并具较高的触杀和胃毒作用，具有速效、持效期长、对天敌安全等特点，对蚜虫、飞虱、叶蝉等有极好的防治效果。

（3）制剂。70%、80%水分散粒剂，5%、15%、25%、35%、48%、60%悬浮剂，2.5%、5%、10%、25%、50%、70%可湿性粉剂，3%、5%乳油，4%、5%、10%、20%、30%微乳剂，20%可溶性液剂，60%悬浮种衣剂，混配制剂有吡虫·异丙威、高氯·吡虫啉、阿维·吡虫啉等。

（4）使用技术。可用于水稻、小麦、玉米、棉花、马铃薯、蔬菜、甜菜、果树等作物，由于它的优良内吸性，特别适于用种子处理和撒颗粒剂方式施药，一般每亩用吡虫啉有效成分 3~10g，加水喷雾或拌种，安全间隔期 20d。防治绣线菊蚜、苹果瘤蚜、桃蚜、梨木虱、卷叶蛾、粉虱、斑潜蝇等害虫，可用 10%吡虫啉可湿性粉剂 4 000~6 000 倍液喷雾，或用 5%吡虫啉乳油 2 000~3 000 倍液喷雾。

（5）注意事项。不宜在强阳光下喷雾使用，以免降低药效。最近几年的连续使用，造成了很高的抗性，在水稻上我国已经禁止使用。

2. 啶虫脒

（1）其他名称。莫比朗、金世纪、吡虫清、乙虫脒。

（2）特点。具较强的触杀、胃毒和内吸作用，对同翅目害虫效果好，杀虫迅速，残效期可达 20d 左右，对人、畜低毒，对天敌杀伤力小。

（3）制剂。40%水分散粒剂，5%、20%可湿性粉剂，3%、5%、20%乳油，3%、20%可溶性液剂，20%、40%可溶粉剂，30%水乳剂，3%微乳剂，混配制剂有甲维·啶虫脒、氯氰·啶虫脒、啶虫·仲丁威等。

（4）使用技术。啶虫脒主要通过喷雾防治害虫，具体使用倍数或用药量因制剂含量不同而异。在果树及高秆作物上，一般使用 3%的啶虫脒制剂 1 500~2 000 倍液或 5%的啶虫脒制剂 2 500~3 000 倍液或 20%的啶虫脒制剂 10 000~12 000 倍液或 40%啶虫脒水分散粒剂 20 000~25 000 倍液或 50%啶虫脒水分散粒剂 25 000~30 000 倍液或 70%啶虫脒水分散粒剂 35 000~40 000 倍液，均匀喷雾；在粮棉油及蔬菜等矮秆作物上，一般每亩用 1.5~2g 啶虫脒有效成分的制剂，加水 30~60L 喷雾，均匀、周到喷药，可以提高药剂的防治效果。

3. 噻虫嗪

（1）其他名称。阿克泰、快胜。

（2）特点。是一种全新结构的第二代烟碱类高效低毒杀虫剂，对害虫具有胃毒、触杀及内吸活性，用于叶面喷雾及土壤灌根处理，施药后迅速被内吸，并传导到植株各部位，对刺吸式害虫如蚜虫、飞虱、叶蝉、粉虱等有良好的防效。

（3）制剂。25%、50%水分散粒剂，21%悬浮剂，70%种子处理可分散粒剂，混配制剂有氯虫·噻虫嗪、噻虫·高氯氟等。

（4）使用技术。防治苹果蚜虫用25%噻虫嗪水分散粒剂5 000~10 000倍液；防治瓜类白粉虱用25%噻虫嗪水分散粒剂2 500~5 000倍液喷雾；防治梨木虱用25%噻虫嗪10 000倍液或每100L水加10mL（有效浓度为25mg/L），或每亩果园用25%噻虫嗪水分散粒剂6g（有效成分为1.5g）进行喷雾；防治柑橘潜叶蛾用25%噻虫嗪水分散粒剂3 000~4 000倍液喷雾。

（5）注意事项。不要在低于零下10℃和高于35℃的环境贮存；该药杀虫活性很高，用药时不要盲目加大用药量。

4. 烯啶虫胺

（1）特点。具有卓越的内吸性、渗透作用、杀虫谱广、安全无药害，是防治刺吸式口器害虫（如白粉虱、蚜虫、梨木虱、叶蝉、蓟马）的换代产品。

（2）制剂。10%、50%水剂，10%、50%可溶性液剂，20%水分散粒剂，50%可溶性粒剂。

（3）使用技术。防治柑橘蚜虫和苹果树蚜虫，用10%烯啶虫胺可溶性液剂2 000~3 000倍液喷雾或50%烯啶虫胺可溶性粒剂10 000~20 000倍液喷雾；防治蔬菜烟粉虱、白粉虱，用10%烯啶虫胺可溶性液剂稀释2 000~3 000倍液均匀喷雾，温室内使用时要将周围的墙壁及棚膜喷上药剂；防治蔬菜蓟马和蚜虫，用10%烯啶虫胺可溶性液剂稀释3 000~4 000倍液均匀喷雾；防治水稻稻飞虱，用10%烯啶虫胺可溶性液剂稀释2 000~3 000倍液均匀喷雾，要重点喷水稻的中下部叶片。

（4）注意事项。不可与碱性农药及碱性物质混用；对桑蚕、蜜蜂高毒。

（二）生物源类杀虫剂

当前是农药新产品、新技术发展的好时期，农药创制从高效、高毒、药效持久转变为不高效、低毒、低残留，值得企业关注的是，“仿生”合成是开发热点，生物源农药开发渐入佳境。生物源农药开发推进的重要原因有两点：一是投入高，全球各方面每年投入30余亿美元从事新农药的研发；二是开发技术在不断提高，计算机技术、高能通量筛选与微量筛选、组合化学的应用越来越深入，使开发效率有明显提高。最有代表性的研究方向是利用昆虫等害物特有的物质，如信息素、蜕皮激素等，进行“仿生”合成来控制害虫，开发产品的类型主要是通过对生物源的结构改造，取代一些高毒、高残留或抗性严重的传统农药。

生物源杀虫剂主要特性有以下五点。

一是杀虫作用主要是引起害虫生病而死，因此是传染性的。细菌和病毒主要从口腔进入虫体繁殖，真菌主要穿过害虫体壁进入虫体繁殖，消耗虫体营养，使代谢失调，或在虫体内产生毒素毒杀害虫。因害虫染病后体弱逐渐死亡，若与化学农药混用，当害虫体弱时化学农药促使其死亡加快。

二是一般不容易使害虫产生耐药性。

三是选择性强，不伤害天敌。

四是对人、畜毒性很低，无残留，不污染环境。

五是不足之处是应用效果受环境影响大，药效发挥慢，防治暴发性害虫效果差。

1. 苏云金杆菌

（1）其他名称。Bt乳剂。

（2）特点。是一种细菌性杀虫剂，有效成分是细菌及其产生的毒素，对人、畜低毒。主要是胃毒作用，用于防治直翅目、鞘翅目、双翅目、膜翅目，特别是鳞翅目的多种害虫。

（3）制剂。8 000IU/mg、16 000IU/mg、32 000IU/mg可湿性粉剂，2 000IU/μL、4 000IU/μL、8 000IU/μL悬浮剂，100亿个活芽孢/g可湿性粉剂，100亿个活芽孢/mL悬浮剂，3.2%可湿性

粉剂等。

（4）使用技术。各种松毛虫、杨树舟蛾、美国白蛾等林木食叶害虫在 2~3 龄幼虫发生期，用 8 000IU/mg 苏云金杆菌可湿性粉剂 800~1 200 倍液均匀喷雾，2 000 IU/μL 苏云金杆菌悬浮剂 200~300 倍液均匀喷雾；茶毛虫、枣尺蠖、金纹细蛾等果树食叶类害虫用 8 000IU/mg 苏云金杆菌可湿性粉剂 600~800 倍液均匀喷雾或 2 000IU/μL 苏云金杆菌悬浮剂 150~200 倍液均匀喷雾；菜青虫在卵孵化盛期，每亩用 8 000IU/mg 苏云金杆菌可湿性粉剂 50~100g 加水均匀喷雾；小菜蛾在低龄幼虫高峰期用每亩 8 000IU/mg 苏云金杆菌可湿性粉剂 100~150g 加水均匀喷雾；玉米螟每亩用 8 000IU/mg 苏云金杆菌可湿性粉剂 100~200g 或 2 000IU/μL 苏云金杆菌悬浮剂 150~300mL 加水喷雾。

（5）注意事项。用于防治鳞翅目害虫的幼虫，施用期比使用化学农药提前 2~3d，对害虫的低龄幼虫效果好，30℃以上施药效果最好；不能与内吸性有机磷杀虫剂或杀菌剂混合使用；本品对蚕毒力很强，在养蚕地区使用时，必须注意勿与蚕接触，施药区与养蚕区一定要保持一定距离，以免使蚕中毒死亡；本品应保存在低于 25℃的干燥阴凉仓库中，防止暴晒和潮湿，以免变质。

2. 白僵菌

（1）特点。真菌杀虫剂，对人、畜安全，对蚕感染力很强，无环境污染，害虫不易产生抗性，可用于防治鳞翅目、同翅目、膜翅目、直翅目等害虫。

（2）制剂。300 亿个活孢子/g 或 100 亿个活孢子/g 油悬浮剂，400 亿个活孢子/g 或 100 亿个活孢子/g 可湿性粉剂，400 亿个活孢子/g 水分散粒剂，2 亿个活孢子/cm^2 挂条。

（3）使用技术。菌粉用水溶液稀释配成菌液，每毫升菌液含活孢子 1 亿个以上，用菌液在蔬菜上喷雾；菌粉与 2.5%敌百虫粉均匀混合，每克混合粉含白僵菌活孢子 1 亿个以上，在蔬菜上喷粉；防治松毛虫用白僵菌活孢子 150 万亿~180 万亿个直接兑水喷雾，也可采集发病死亡虫尸，放到松林中，扩大染病面积；

防治玉米螟可向喇叭口撒颗粒剂（按 1：10 与煤渣混合）或灌菌液。

（4）注意事项。菌液配好后要于 2h 内用完，以免过早萌发而失去侵染能力，颗粒剂也应随用随拌；不能与化学杀菌剂混用；最好在阴天、雨后或早晨使用。

3. 核型多角体病毒

（1）特点。病毒杀虫剂，对人、畜、鸟、益虫、鱼及环境和植物安全，害虫不易产生抗性，具有胃毒作用，不耐高湿，易被紫外线照射失活，作用较慢，适于防治鳞翅目害虫。

（2）制剂。粉剂、可湿性粉剂（核型多角体病毒 10 亿个/g）。

（3）使用技术。主要用于防治农业和林业害虫，一般每亩用核型多角体病毒粉剂 100g 加水 50L，喷雾。不能与酸、碱物质混放、混用，不在强阳光下使用。

4. 多杀霉素

（1）其他名称。菜喜、催杀。

（2）特点。微生物源生物化学杀虫剂，对人、畜低毒，具有胃毒和触杀作用，无内吸作用，但对叶面有较强的渗透作用，可杀死表皮下的害虫，对鳞翅目幼虫、蓟马等效果好，对刺吸式口器害虫和螨类防效差。

（3）制剂。2.5%、48%悬浮剂。

（4）使用技术。蔬菜害虫防治小菜蛾，在低龄幼虫盛发期用 2.5%多杀霉素悬浮剂 1 000~1 500 倍液均匀喷雾或每亩用 2.5%多杀霉素悬浮剂 33~50mL 加水 20~50kg 喷雾；防治甜菜夜蛾，在低龄幼虫期，每亩用 2.5%多杀霉素悬浮剂 50~100mL 加水喷雾，傍晚施药效果最好；防治蓟马，于发生期，每亩用 2.5%多杀霉素悬浮剂 33~50mL 加水喷雾或 2.5%多杀霉素悬浮剂 1 000~1 500 倍液均匀喷雾，重点在幼嫩组织，如花、幼果、顶尖及嫩梢等部位。

（5）注意事项。对鱼或其他水生生物有毒，要避免污染水源和河流。

5. 阿维菌素

(1) 其他名称。齐螨素、害极灭、杀虫丁、螨克素。

(2) 特点。是新型抗生素类杀虫、杀螨剂，具有触杀、胃毒和微弱的熏蒸作用，但杀虫作用较慢，一般药后2~4d死亡，无内吸作用，但对叶面有较强的渗透作用，可杀死表皮下的害虫，且残效期长。能防治鳞翅目、鞘翅目、同翅目的害虫以及叶螨、锈螨等，对人、畜高毒。

(3) 制剂。1.0%、0.6%和1.8%乳油，0.15%、0.2%高渗，1%、1.8%可湿性粉剂，0.5%高渗微乳油，2%水分散粒剂，10%水分散粒剂等。混配制剂有阿维·哒螨灵、阿维·高氯、阿维·氟铃脲、阿维·辛硫磷、阿维·噻唑膦、阿维·苏云金、阿维·杀虫单等。

(4) 使用技术。防治小菜蛾、菜青虫，在低龄幼虫期使用2%阿维菌素乳油1 000~1 500倍液+1%甲维盐1 000倍液，可有效地控制其为害，药后14d对小菜蛾的防效仍达90%~95%，对菜青虫的防效可达95%以上。防治金纹细蛾、潜叶蛾、潜叶蝇、美洲斑潜蝇和蔬菜白粉虱等害虫，在卵孵化盛期和幼虫发生期用1.8%阿维菌素乳油3 000~5 000倍液+高氯1 000倍液喷雾，药后7~10d防治效果仍达90%以上。防治甜菜夜蛾，用1.8%阿维菌素乳油1 000倍液，药后7~10d防治效果仍达90%以上。防治果树、蔬菜、粮食等作物的叶螨、瘿螨、茶黄螨和各种抗性蚜虫，使用1.8%阿维菌素乳油4 000~6 000倍液喷雾。

(5) 注意事项。对蜜蜂、鱼等高毒，应避免植物开花期使用，要避免污染水源和河流，施药区竖立明显标志，不与碱性农药混用。

6. 印楝素

(1) 特点。植物源生物化学杀虫剂，具有胃毒、触杀、拒食、忌避及影响昆虫生长发育等多种作用，并具有良好的内吸传导性，属新型植物杀虫剂。高效低毒，能防治鳞翅目、同翅目、鞘翅目等多种害虫，对人、畜、鸟类及天敌安全，无残毒，不污染环境。

（2）制剂。0.3%、0.32%、0.5%、0.7%乳油，0.8%阿维·印楝素乳油，1%苦参·印楝素乳油。

（3）使用技术。一般用0.3%印楝素乳油稀释800~2 000倍液喷雾。注意不能与碱性农药混用，清晨或傍晚用药。

7. 川楝素

（1）其他名称。蔬果净。

（2）特点。植物源生物化学杀虫剂，具有胃毒、触杀及一定的拒食作用，对鳞翅目、同翅目、鞘翅目等多种害虫有效，对人、畜安全。

（3）制剂。0.3%、0.5%楝素乳油，0.5%楝素杀虫乳油。

（4）使用技术。可防治花卉等多种害虫，如对蚜虫、蛾类、螨类、蝇类等都有明显的防治效果。同时，与其他农药相比，用相同药量施用于同类花卉，防治效果高，缓效性作用大。一般用0.3%川楝素乳油稀释800~1 500mL加水750L均匀喷雾；如系单株防治害虫，用0.3%川楝素乳油100mL加水800~1 000mL喷雾即可。

（5）注意事项。该生物农药与大多数快速击倒害虫的杀虫剂不同，施药后害虫停止进食，害虫仍会在植株上存活数天，不必加大用药量或其他药剂补治；在黄昏前施药，药效更能发挥。

8. 苦参碱

（1）其他名称。苦参、蚜螨敌、苦参素。

（2）特点。植物源生物化学杀虫剂，从苦参等植物中用乙醇等有机溶剂提取制成，具有触杀、胃毒作用，对鳞翅目幼虫、蚜虫、螨类等多种害虫有效，对人、畜安全。

（3）制剂。1%醇溶液，0.2%、0.3%水剂，1.1%粉剂。

（4）使用技术。一般使用0.2%苦参碱水剂稀释100~300倍液喷雾。制剂应置于阴凉通风处，桑园禁用，不得与碱性药物混用，安全间隔期为7~10d。

9. 烟碱

(1) 特点。植物源生物化学杀虫剂，从烟草中提取制成，以触杀作用为主，兼有胃毒、熏蒸作用，对鳞翅目、半翅目、缨翅目、双翅目等多种害虫有效，对人、畜低毒。

(2) 制剂。10%、30%乳油、2%水乳剂，混配制剂有27.5%烟碱·油酸乳油、30%茶皂素·烟碱、27%皂素·烟碱。

(3) 使用技术。防治棉蚜、烟蚜，每亩用10%烟碱乳油50~70mL加水喷雾；防治棉蚜，每亩用27.5%烟碱·油酸乳油70~120mL加水喷雾；防治菜青虫、蚜虫，每亩用30%茶皂素·烟碱25~35mL加水喷雾；对柑橘棉蚜，每亩用30%烟碱乳油2 400~3 000倍液喷雾；防治夜蛾、食心虫、潜叶蝇、蓟马等，每亩用2%烟碱水乳剂800~1 200倍液喷雾。

(4) 注意事项。烟碱对作物无药害，但在茄子、辣椒、番茄和马铃薯等茄科植物上慎用；烟碱对蚕有毒，不得用于桑园。

10. 鱼藤酮

(1) 其他名称。毒鱼藤。

(2) 特点。是一种低毒植物源杀虫剂。从豆科植物苦参根中提取，对害虫具有触杀和胃毒作用，用于防治鳞翅目、同翅目害虫，对螨类也有防效。

(3) 制剂。2.5%、4%、7.5%乳油。

(4) 使用技术。用于防治蔬菜上的蚜虫、黄守瓜、猿叶虫、二十八星瓢虫、黄条跳甲等，防治菜青虫和蚜虫，每亩用4%鱼藤酮乳油80~120mL加水30L喷雾；防治小菜蛾每亩用4%鱼藤酮乳油80~160mL加水30L喷雾；防治斜纹夜蛾，每亩用4%鱼藤酮乳油80~120mL加水30L喷雾；防治蔬菜跳甲，每亩用4%鱼藤酮乳油80~160mL加水30L喷雾。

(三) 沙蚕毒素杀虫剂

按照沙蚕毒素的化学结构，仿生合成了一系列能做农用杀虫剂的类似物，如杀螟丹、杀虫双、杀虫单等，统称为沙蚕毒素类杀虫剂，也是人类开发成功的第一类动物源杀虫剂。对成虫、幼虫、卵有杀伤力，既有速效性，又有较长的持效性，因而在田间使用时，施药适期长，防治效果稳定，可用于防治水稻、蔬菜、甘蔗、果树、茶树等多种作物上的多种食叶害虫、钻蛀性害虫，有些品种对蚜虫、叶蝉、飞虱、蓟马、螨类等也有良好的防治效果。

1. 杀虫双

（1）特点。对害虫具有较强的触杀、胃毒作用，并兼有一定的熏蒸作用，有很强的内吸作用，能被作物的叶、根等吸收和传导，适用于水稻、蔬菜、果树、棉花和小麦等作物，对人、畜毒性中等，加水生生物毒性很小，残毒期达 2 个月左右。

（2）制剂。18%、25% 水剂，3. 6% 颗粒剂，混配制剂有杀双·毒死蜱、甲维·杀虫双、杀双·灭多威等。

（3）使用技术。柑橘潜叶蛾在新梢长 2~3mm 即新梢萌发初期，或田间 50%嫩芽抽出时，用 18%杀虫双水剂 600~700 倍液喷雾，隔 7d 左右再喷 1 次；防治达摩凤蝶，在卵孵化盛期，用 25%杀虫双水剂 600 倍液喷雾。菜青虫、小菜蛾在幼虫 2~3 龄盛期前，每亩用 25%杀虫双水剂 100~150mL 加水喷雾；防治小菜蛾，与 Bt 乳剂混用效果更好，每亩用 25%杀虫双水剂 150mL 加 BT 乳剂 200mL，加水喷雾；防治茭白螟虫，在卵孵盛末期，每亩用 18%杀虫双水剂 150~250mL 加水 50kg 喷雾或 18%杀虫双水剂 500 倍液灌心。甘蔗苗期条螟、大螟每亩用 25%杀虫双水剂 200~250mL，加水 250~300L 淋浇蔗苗，隔 7d 左右再施药 1 次。

（4）注意事项。夏季高温时有药害，使用时应小心。

2. 杀虫单

（1）特点。具有较强的触杀、胃毒和内吸传导作用，对鳞翅目害虫的幼虫有较好的防治效果，属仿生型农药，对天敌影响小，无抗性，无残毒，不污染环境，是综合治理虫害较理想的药剂。

（2）制剂。90%可湿性粉剂，3. 6%颗粒剂，混配制剂有吡虫·杀虫单、高氯·杀虫单、杀单·毒死蜱等。

（3）使用技术。该药剂能有效地防治水稻、蔬菜、小麦、玉米、茶叶、果树等作物上的多种害虫，在我国登记作物为水稻，用于防治螟虫，对鱼类低毒，但对蚕的毒性大。防治甘蔗螟虫每亩用90%杀虫单可湿性粉剂160g，于根区施药，保持蔗田湿润以利药剂被吸收发挥，安全间隔期至少28d；防治水稻二化螟、三化螟、稻纵卷叶螟、稻蓟马、飞虱、叶蝉，每亩用90%杀虫单可湿性粉剂50~60g加水均匀喷雾，持效期7~10d；防治菜青虫、小菜蛾等，每亩用90%杀虫单可湿性粉剂35~50g加水均匀喷雾。

（4）注意事项。本品对家蚕剧毒，使用时应特别小心，防止污染桑叶及蚕具等；杀虫单对棉花、某些豆类敏感，不能在此类作物上使用。

3. 杀螟丹

（1）其他名称。巴丹、派丹。

（2）特点。具有触杀和胃毒作用，用于防治水稻、十字花科蔬菜、柑橘、甘蔗和茶树的鳞翅目和同翅目害虫，在正常条件下对眼睛和皮肤无过敏反应，未见致癌、致畸、致突变作用，对鱼有毒，对蜜蜂和家蚕有毒，对鸟类低毒，对蜘蛛等天敌无毒。

（3）制剂。50%、98%可溶性粉剂，4%颗粒剂。

（4）使用技术。防治水稻二化螟、三化螟，每亩用50%杀螟丹可溶性粉剂75~100g加水40~50kg喷雾；防治稻纵卷叶螟、稻苞虫，每亩用50%杀螟丹可溶性粉剂100~150g加水50~60kg喷雾；防治蔬菜害虫小菜蛾、菜青虫，每亩用50%可溶性粉剂25~50g加水50~60kg喷雾；防治茶树害虫，用50%杀螟丹可溶性粉剂1 000~2 000倍液均匀喷雾；防治甘蔗害虫，每亩用50%杀螟丹可溶性粉剂100~125g加水50kg喷雾或加水300kg淋浇蔗苗；防治果树害虫，用50%杀螟丹可溶性粉剂1 000倍液均匀喷雾；防治玉米螟，每亩用50%杀螟丹可溶性粉剂100g加水100kg喷雾或均匀灌在玉米心内。

（5）注意事项。水稻扬花期或作物被雨露淋湿时不宜施药，喷药浓度高加水稻也会有药害，十字花科蔬菜幼苗对该药敏感，使用时小心。

（四）二酰胺类杀虫剂

1. 氯虫苯甲酰胺

（1）特点。具有胃毒作用，渗透性强，杀虫谱广，持效性好，主要用于防治鳞翅目害虫，对鱼中等毒性，对鸟和蜜蜂低毒，对家蚕剧毒。

（2）制剂。5%、20%悬浮剂，35%水分散粒剂，混配制剂有氯虫·噻虫嗪、阿维·氯苯酰等。

（3）使用技术。防治苹果树金蚊细蛾喷35%氯虫苯甲酰胺水分散粒剂17 500~25 000倍液，桃小食心虫喷35%氯虫苯甲酰胺水分散粒剂7 000~10 000倍液，在发蛾盛期和蛾产卵初期施药，间隔14d再喷1次。

（4）注意事项。一季作物使用本剂不得超过3次，并注意与其他杀虫剂轮换使用。

2. 溴氰虫酰胺

（1）其他名称。氰虫酰胺。

（2）特点。该药是杜邦公司继氯虫酰胺之后成功开发的第二代鱼尼丁受体抑制剂类杀虫剂，通过改变苯环上的各种极性基团而成，更高效，适用作物更广泛，可有效防治鳞翅目、半翅目和鞘翅目害虫。

（3）制剂。10%可分散油悬浮剂。

（4）使用技术。用于防治大葱美洲斑潜蝇、甜菜夜蛾、蓟马及小白菜斜纹夜蛾、小菜蛾、黄条跳甲、蚜虫、菜青虫。防治大葱美洲斑潜蝇，每亩用10%溴氰虫酰胺14~24mL；防治大葱甜菜夜蛾，每亩用10%溴氰虫酰胺10~18mL；防治大葱蓟马，每亩用10%溴氰虫酰胺18~24mL。

3. 氟虫双酰胺

（1）特点。具有胃毒和触杀作用，能快速抑制害虫取食，见效快，持效期长，对鳞翅目的幼虫、成虫都具有较好的活性。

（2）制剂。20%水分散粒剂，混配制剂有10%阿维·双酰胺悬浮剂。

（3）使用技术。防治甜菜夜蛾、斜纹夜蛾、小菜蛾等鳞翅目害虫，于害虫产卵期至幼虫3龄期前，每亩用20%氟虫双酰胺水分散粒剂15~20g加水50~60kg均匀喷雾。

（4）注意事项。为避免抗性的产生，一季作物或一种害虫宜使用2~3次。

（五）其他类型杀虫剂

1. 乙虫腈

（1）特点。为芳基吡唑类杀虫剂，无致突变性，对皮肤和眼睛无刺激、无致敏性，对多种咀嚼式和刺吸式害虫有效，作用方式为触杀，主要用于防治蓟盲蝽象虫、甜菜麦蛾、蚜虫、飞虱和蝗虫等，对某些粉虱也表现出活性。

（2）制剂。100g/L悬浮剂。

（3）使用技术。目前仅登记用于防治稻飞虱，在低龄若虫高峰期，每亩用乙虫腈100g/L悬浮剂30~40mL加水50kg全面喷雾，该药速效性较差，持效期14d左右，一般施药1~2次即可。

（4）注意事项。养鱼稻田禁用，施药后田水不得直接排入水体，不得在河塘等水域清洗施药器具。

2. 虫螨腈

（1）其他名称。溴虫腈、除尽、专攻。

（2）特点。具有胃毒及触杀作用，在叶面渗透性强，有一定的内吸作用，且具有杀虫谱广、防效高、持效长、安全的特点，可以控制抗性害虫，用于防治蔬菜、果树、茶树上的鳞翅目、同翅目、缨翅目害虫及螨类。

（3）制剂。10%悬浮剂、30%悬浮剂。

（4）使用技术。在低龄幼虫期或虫口密度较低时，每亩用10%虫螨腈悬浮剂30mL，虫龄较高或虫口密度较大时每亩用40~50mL

10%虫螨腈悬浮剂加水喷雾，每茬菜最多可喷2次，间隔10d左右。

3. 螺虫乙酯

（1）特点。具有很好的内吸性，能在植物体内向上、向下传导，对刺吸式口器害虫有很好的防治效果，对鱼中等毒性，对家蚕、蜜蜂、鸟均低毒，速效性较好，持效期30d左右。

（2）制剂。224g/L悬浮剂。

（3）使用技术。防治柑橘介壳虫，每亩用224g/L螺虫乙酯悬浮剂4 000~5 000倍液喷雾，防治番茄烟粉虱每亩用224g/L螺虫乙酯悬浮剂20~30g，加水喷雾。

第二节　杀螨剂

螨类属于节肢动物门，在形态、习性及栖息场所等方面具有多样性，分布广、适应性强、种类繁多，估计在世界上有30万~50万种，仅次于昆虫纲。一般植食性螨是一种最为普遍的植物害虫，其个体较小，大多密集群居于作物的叶片背面刺吸为害，使得果树、棉花、蔬菜和观赏植物等大量减产，损失严重。在一个群体中可以存在所有生长阶段的螨，包括卵、幼螨、若螨和成螨等。螨类繁殖迅速，生活史短，越冬场所变化大，容易对药剂形成抗药性，这些都决定了螨类较难防治。化学防治是害螨综合治理的一个重要环节。

害螨1年内发生的代数多，种群增长能力强，1年内往往要施药数次方能控制其为害，因而害螨较易产生抗药性。为防止或延缓产生抗药性，在使用杀螨剂防治害螨时必须注意如下五点。

一是选用对螨的各个生育期都有效的杀螨剂。叶螨的成螨、若螨的卵往往同时存在，而卵的数量又大大超过成螨、若螨，若使用无杀卵作用的杀螨剂，螨的数量短期内虽有下降，但不久群体数量又回升，需要再次施药。一种药剂连续多次使用，易诱发抗药性。因此，最好选用对卵、幼若螨、成螨都有效的杀螨剂。

二是选在害螨对药剂最敏感的生育期施药。例如，四螨嗪对卵杀伤力很强，对幼螨和若螨也较强，对成蛾基本无效，就应在卵盛期、幼螨期施药。唑螨酯和苯丁锡对螨卵效果很低或基本无效，不应在卵盛期施药。

三是选在害螨发生初期，种群数量不大时施药，以延长药剂对螨的控制时间，减少使用次数。持效期长的杀螨剂品种，1 年内尽可能只使用 1 次。

四是不可随意提高用药量或药液浓度，以保持害螨群中有较多的敏感个体，延缓抗药性的产生和发展。

五是不同杀螨机制的杀螨剂轮换使用或混合使用。哒螨灵和噻螨酮无交互抗性，可以轮换使用。双甲脒、单甲脒与其他杀螨剂的作用机制不同，可以混用或轮用。

兼有杀螨作用的杀虫剂称杀虫杀螨剂，常见的有阿维菌素、甲氰菊酯、氟虫脲、虫螨腈等。只能杀螨而不能杀虫的农药称杀螨剂，如炔螨特、四螨嗪、哒螨酮等，以下介绍几种主要杀螨剂及其特性。

（一）炔螨特

（1）其他名称。克螨特、灭螨净、丙炔螨特。

（2）特点。对人、畜低毒，对鱼类高毒，对成螨、若螨有效，杀卵效果差，具有触杀和胃毒作用，无内吸和渗透传导作用。

（3）制剂。25%、40%、57%、73%乳油。

（4）使用技术。炔螨特效果广泛，能杀灭多种害螨，还可杀灭对其他杀虫剂已产生抗药性的害螨，不论杀成螨、若螨、幼螨及螨卵效果均较好，在世界上被使用了 30 多年，至今未见抗药性的问题。可用于防治棉花、蔬菜、苹果、柑橘、茶、花卉等作物各种害螨，一般用 25%炔螨特乳油稀释 800~1 000 倍液喷雾或 40%炔螨特乳油稀释 1 500~2 000 倍液喷雾或 57%炔螨特乳油稀释 2 000~2 500 倍液喷雾或 73%炔螨特乳油稀释 2 500~3 000 倍液喷雾。

（5）注意事项。炔螨特为触杀性农药，无组织渗透作用，故需均匀喷洒作物叶片的两面及果实表面。

（二）三唑锡

（1）其他名称。倍尔霸、三唑环锡、灭螨锡。

（2）特点。为触杀作用强的广谱杀螨剂，可杀灭若螨、成螨和夏卵，对冬卵无效。对光稳定，残效期长，对作物安全，对蜜蜂毒性极低，对鱼类毒性高，对人、畜中等毒性。

（3）制剂。8%乳油，25%可湿性粉剂，20%悬浮剂，混配制剂有哒螨·三唑锡、吡虫·三唑锡、阿维·三唑锡。

（4）使用技术。适用于防治果树、蔬菜上多种害螨，防治柑橘红蜘蛛、柑橘锈壁虱用25%三唑锡可湿性粉剂1 000~2 000倍液均匀喷雾；防治苹果叶螨用25%三唑锡可湿性粉剂1 000~1 500倍液喷雾；防治葡萄叶螨，用25%三唑锡可湿性粉剂1 000~1 500倍液喷雾；防治茄子红蜘蛛，用25%三唑锡可湿性粉剂1 000倍液喷雾。

（5）注意事项。该药不能与波尔多液等碱性药混用，不宜与氟氯氰菊酯混用；对柑橘新叶、嫩梢、幼果易产生药害；避免污染水域。

（三）双甲脒

（1）其他名称。螨克。

（2）特点。具有触杀、拒食、驱避作用，也有一定的胃毒、熏蒸和内吸作用，对叶螨科各个虫态都有效，但对越冬卵效果较差，对其他抗性螨类也有较好的防治效果，持效期长，对人、畜中等毒性，对鱼类有毒，对蜜蜂、鸟、天敌低毒。

（3）制剂。10%、12.5%、20%乳油。

（4）使用技术。防治苹果叶螨、柑橘红蜘蛛、柑橘锈螨、木虱，用20%双甲脒乳油1 000~1 500倍液喷雾；防治茄子、豆类红蜘蛛，用20%双甲脒乳油1 000~2 000倍液喷雾，西瓜、冬瓜红蜘蛛用20%双甲脒乳油2 000~3 000倍液喷雾；防治棉花红蜘蛛，用20%双甲脒乳油1 000~2 000倍液喷雾，同时对棉铃虫、红铃虫有一定兼治作用；环境害螨，用20%双甲脒乳油1 000倍液喷雾。

（四）苯丁锡

（1）其他名称。克螨锡、托尔克、螨完锡。

（2）特点。以触杀作用为主，对幼螨、若螨、成螨杀伤力强，对卵几乎无效，对天敌影响小，对人、畜低毒。为感温型杀螨剂，温度高药效好。

（3）制剂。25%、50%可湿性粉剂，25%悬浮剂。

（4）使用技术。用于防治柑橘、苹果、梨、葡萄、茶树、豆类、茄子、瓜类、番茄等蔬菜的叶螨，也可用于防治植食性螨。防治柑橘红蜘蛛，用50%苯丁锡可湿性粉剂2 000~2 500倍液喷雾；防治山楂、苹果红蜘蛛用50%苯丁锡可湿性粉剂1 000~1 500倍液喷雾；茄子、豆类等蔬菜的叶螨用50%苯丁锡可湿性粉剂1 500~2 500倍液喷雾；茶树短须螨、橙瘿螨用50%苯丁锡可湿性粉剂1 000~1 500倍液喷雾。

（5）注意事项。15℃以下时药效差，因而冬季勿用；可与多数杀虫剂、杀菌剂混用。

第三节　杀线虫剂

对于线虫，目前缺乏彻底有效的根治方法，也不是单一的措施就能防治，需要通过农业措施、物理防治、生物防治和化学防治等一套综合技术。但在众多防治方法中，化学方式最受农户推崇，也最为直接有效，在调查中，近九成受访农户都期待通过化学防治达到理想效果。按照防治方法不同，主要分为两大类：一类是具有内吸性或触杀性的选择性杀线虫剂，另一类是熏蒸性杀线虫剂。选择性杀线虫剂有克百威、涕灭威、甲基异柳磷、特丁硫磷、灭线磷、毒死蜱、噻唑膦、辛硫磷、阿维菌素、吡虫啉等，其中前6个已被禁用或限用。熏蒸性杀线虫剂有棉隆、三氯硝基甲烷（氯化苦）、二甲基二硫醚、硫酰氟、威百亩、氰氨基化钙（石灰氮）等，这几种杀线虫剂几乎都对植物线虫有不错的防治效果。

（一）棉隆

（1）其他名称。必速灭。

（2）特点。属低毒杀菌、杀线虫剂，具有熏蒸作用，易于在土壤及其他基质中扩散，持效期长，能与肥料混用，不会在植物体内长期残留，对皮肤无刺激作用，对鱼中等毒性，对蜜蜂无毒害。

（3）制剂。98%颗粒剂，75%可湿性粉剂。

（4）使用技术。先进行旋耕整地，浇水保持土壤湿度，每亩用98%棉隆颗粒剂20~30kg，进行沟施或撒施，旋耕机旋耕均匀，盖膜密封20d以上，揭开膜敞气15d后播种；用于温室、苗床等土壤处理，花卉每平方米使用98%棉隆颗粒剂30~40g，撒施后立即覆土。

（5）注意事项。施用土壤后受土壤温湿度以及土壤结构影响较大，使用时土壤温度应大于12℃，12~30℃最宜，土壤湿度大于40%（湿度以手捏土能成团，1m高度掉地后能散开为标准）；棉隆具有灭生性的原理，所以生物药肥不能同时使用。

（二）威百亩

（1）其他名称。维巴姆、保丰收、硫威钠。

（2）特点。具有熏蒸作用，在土壤中降解成异氰酸甲酯发挥作用，具有杀线虫、杀菌及除草功能，对眼睛及鼻黏膜有刺激作用，对蜜蜂无毒。

（3）制剂。35%、42%水剂。

（4）使用技术。适用于温室、大棚、塑料拱棚、花卉、烟草、中草药、生姜、山药等经济作物苗床土壤、重茬种植的土壤灭菌，及组培种苗等培养基质、盆景土壤、食用菌菇床土等熏蒸灭菌，能预防线虫、真菌、细菌、地下害虫等引起的各类病虫害并且兼防马唐、看麦娘、莎草等杂草。

①苗床使用方法。一是整地。施药前先将土壤耕松，整平，并保持潮湿。二是施药。按制剂用药量加水稀释50~75倍（视土

壤湿度情况而定)，均匀喷到苗床表面并让药液润透土层 4cm。三是覆盖。施药后立即覆盖聚乙烯地膜阻止药气泄漏。四是除膜。施药后 10d 后除去地膜，耙松土壤，使残留气体充分挥发 5~7d。五是播种。待土壤残余药气散尽后，土壤即可播种或种植。

②营养土使用方法。一是准备营养土。如使用有机肥、基肥等需先与土壤混合均匀。二是配制药液。将该剂加水稀释 80 倍液备用。三是施药。将营养土均匀平铺于薄膜或水泥地面 5cm 厚，将配制后的药液均匀喷洒到营养土上，润透 3cm 以上，再覆 5cm 营养土、喷洒配制后的药液，依此重复成堆，最后用薄膜覆盖严密，防止药气挥发。四是除膜。施药后 10d 后除去薄膜，翻松营养土，使剩余药气充分散出，5d 后再翻松 1 次，即可使用。

③沟施使用方法。每亩兑水 400kg，于播种前 20d 以上，在地面开沟，沟深 20cm，沟距 20cm，将稀释药液均匀的施于沟内，盖土压实后（不要太实)，覆盖地膜进行熏蒸处理（土壤干燥可多加水稀释药液)，15d 后去掉地膜，翻耕透气，再播种或移栽。大风天或预计 1h 内降水，请勿施药。

（5）注意事项。不可直接施用于作物表面，土壤处理每季最多施药 1 次；地温 10℃以上时使用效果良好，地温低时熏蒸时间需延长；应于 0℃以上存放，温度低于 0℃易析出结晶，使用前如发现结晶，可置于温暖处升温并摇晃至全溶即可，不影响使用效果；使用时需要现配现用，稀释液不可长期留存；不能与波尔多液、石硫合剂等混用。

(三) 噻唑膦

（1）其他名称。福气多、伏线宝、代线仿。

（2）特点。具有触杀和内吸作用，毒性较低，对根结线虫、根腐（短体）线虫、孢囊线虫、茎线虫等有特效。此产品已实现国产化，在中国已取得了在黄瓜、番茄、西瓜上的登记，可广泛应用于蔬菜、香蕉、果树、药材等作物。

（3）制剂。10%颗粒剂，20%水乳剂。

（4）使用技术。防治根结线虫，每亩用10%噻唑膦颗粒剂1.5~2kg，拌细土撒施于土壤；用20%噻唑膦水乳剂在线虫侵入作物前预防，每亩用噻唑膦1瓶（500mL）随水冲施或加水2 000倍液喷施、浇灌移栽窝，线虫侵入作物后可根据线虫为害程度进行治疗，每亩用噻唑膦1~2瓶随水冲施或加水750~1 000倍液灌根。

（四）灭线磷

（1）其他名称。益收宝、灭克磷、益舒宝。

（2）特点。具有触杀作用，无内吸和熏蒸作用，用于花生、香蕉、烟草及观赏植物线虫及地下害虫的防治，对鸟类和鱼类高毒，对蜜蜂毒性中等。

（3）制剂。5%、10%、20%颗粒剂。

（4）使用技术。防治花生根结线虫，每亩用灭线磷20%颗粒剂1 500~1 750g，可以穴施或沟施，但注意药剂不能与种子直接接触，否则易产生药害，在穴内或沟内施药后先覆一薄层的有机肥，再播种覆土；防治花卉线虫，在花卉移植时，先在20%灭线磷颗粒剂的200~400倍液中浸渍15~30min后再种植，或者以每平方米用20%灭线磷颗粒剂5g施入土中；防治蔬菜线虫，每亩用20%灭线磷颗粒剂2 000~6 500g加水喷于土壤上；防治马铃薯线虫，每亩用20%灭线磷颗粒剂3 330g加水施于20cm深土壤中；防治甘薯线虫，每亩用20%灭线磷颗粒剂1 000~1 330g施于40cm深土壤中。

（5）注意事项。注意药剂不能与种子直接接触，否则易产生药害，在穴内或沟内施药后先覆一薄层的有机肥，再播种覆土。

（五）淡紫拟青霉

（1）其他名称。线虫清。

（2）特点。属于内寄生性真菌，是一些植物寄生线虫的重要天敌，是新型纯微生物活孢子制剂，具有高效、广谱、长效、安全、无污染、无残留等特点，可明显刺激作物生长。适用于大豆、番茄、烟草、黄瓜、西瓜、茄子、姜等作物根结线虫、孢囊线虫。

（3）使用技术。常见剂型有高浓缩吸附粉剂，播种时进行拌种。拌种按种子量的 1%进行拌种后，堆捂 2~3h、阴干即可播种；处理苗床将淡紫拟青霉菌剂与适量基质混匀后撒入苗床，播种覆土，1kg 淡紫拟青霉菌剂处理 15~20m^2 苗床；处理育苗基质将 1kg 淡紫拟青霉菌剂均匀拌入 1~1.5m^3 基质中，装入育苗容器中；穴施施在种子或种苗根系附近，每亩用淡紫拟青霉菌剂 3~5kg；有机肥添加量，1t 有机肥添加淡紫拟青霉菌剂 2~3kg，进行第二次发酵，3~5d。

第四节　杀软体动物剂

杀软体动物剂是指用于防治为害农、林、渔业等有害软体动物的一类农药。为害农作物的软体动物隶属于软体动物门、腹足纲，主要有蜗牛、蛞蝓、田螺、钉螺等，它们可以快速繁殖，发生量大，对植物生长全过程都会带来重大影响。杀软体动物剂发展缓慢，品种少，其中的一些品种对鱼类和哺乳动物毒性大，个别品种在人体内有累积毒性，也有的品种会严重抑制土壤微生物。因此，对高等动物、鱼类及人类安全，多有害软体动物高效，对环境友好的新型杀软体动物剂亟待研究与开发。

一、杀螺胺

（1）其他名称。氯硝柳胺、百螺杀、氯螺消、贝螺杀。

（2）特点。为酰胺类化合物，是很有效的杀螺剂，用于水田灭钉螺，由于其难溶于水，影响杀螺效果，一般制成杀螺胺乙醇胺盐。

（3）制剂。70%可湿性粉剂，25%悬浮剂。

（4）使用技术。防治蛞蝓，一般用 70%杀螺胺可湿性粉剂 200~500 倍液直接喷于蛞蝓体上；杀灭稻田福寿螺，在田间保持 3cm 水层但不淹没稻苗，每亩用 70%杀螺胺可湿性粉剂 40~50g

加水喷洒或配成毒土撒施，施药后保水层，至少 2d 不再灌水；杀灭钉螺在滩涂上，春季每平方米用 70%杀螺胺可湿性粉剂 1g 加水喷洒。

二、杀螺胺乙醇胺盐

（1）其他名称。螺灭杀、氯硝柳胺、乙醇胺盐。

（2）特点。一种强的杀软体动物剂，具有胃毒作用，对螺卵、血吸虫尾蚴等有强杀灭作用，作用迅速，药效持久，对人、畜较安全。

（3）制剂。50%、70%可湿性粉剂，25%乳油。

（4）使用技术。防治水稻福寿螺，每亩用 50%杀螺胺乙醇胺盐可湿性粉剂 60~80g 或 70%杀螺胺乙醇胺盐可湿性粉剂 30~40g，加水喷雾或撒毒土；或采用浸杀法，按每立方米水体用 50%杀螺胺乙醇胺盐可湿性粉剂 4g。杀灭钉螺，春季在湖洲、河滩上按每平方米用 70%可湿性粉剂 1g 兑水喷雾；秋冬季可用浸杀灭螺法，就是把药剂喷施或配成毒土撒施在湖洲、河滩有积水的洼地，使水中含药浓度达 0.2~0.4mg/L，浸杀 2~3d，可杀死土表和土内的钉螺。当水源困难时，不利于喷洒或浸杀的情况下，可采用细沙拌药撒粉灭螺。在农业上用于防治蛞蝓也有效，70%杀螺胺乙醇胺盐可湿性粉剂 150~700 倍液直接喷施于蛞蝓体上，晴天应在早晨蛞蝓尚未潜土时喷药为好，阴天可在上午施药。

三、四聚乙醛

（1）其他名称。多聚乙醛、灭蜗灵、蜗牛敌。

（2）特点。该药剂是一种选择性强的杀螺剂，具有胃毒作用，而且对蜗牛、蛞蝓有强烈的引诱作用，对人、畜低毒，对鱼类、陆上及水生非靶生物毒性低，对蚕低毒，适用于防治水稻、蔬菜、棉花和烟草上的蜗牛、蛞蝓和福寿螺等软体动物。

（3）制剂。6%、5%颗粒剂，80%可湿性粉剂，混配制剂有聚醛·甲萘威颗粒剂。

(4)使用技术。在春、秋雨季蜗牛活动盛期，可在秧苗播种或移植后，每亩用6%四聚乙醛颗粒剂400~500g，均匀撒施于稻田，保持存水层（3~4cm）3~7d，或拌细沙撒施，使福寿螺、蜗牛、蛞蝓易于接触药剂，可达保苗效果；蔬菜苗移植后，即可撒施，每亩用6%四聚乙醛颗粒剂400~500g。

(5)注意事项。不宜与化肥混施；施药后，不要在田中践踏，药后如遇大雨，要及时补施；应存放在阴凉干燥处，以免潮湿解聚；对鱼类等水生动物虽然较安全，但仍应避免过量使用污染水源，造成水生动物中毒。

第五节 杀菌剂

凡是对病原物有杀死作用或抑制生长作用，但又不妨碍植物正常生长的药剂，统称为杀菌剂。杀菌剂是一类用来防治植物病害的药剂，可根据作用方式、原料来源及化学组成进行分类，杀菌剂按来源分，除农用抗生素属于生物源杀菌剂外，主要的品种都是化学合成杀菌剂。

一、无机杀菌剂

无机杀菌剂是近代植物病害化学防治中广泛使用的一类杀菌剂。19世纪80年代后，大规模使用的是波尔多液等铜制剂和石硫合剂等硫制剂，主要防治果树和蔬菜病害，该类杀菌剂作用方式为保护剂。在植物感病前施药，使病原菌孢子萌发受到抑制或被杀死从而使植物避免病原菌侵染受到保护。百余年来，在病害防治中发挥了重要作用，病原菌对其未产生抗药性，今后仍将在生产中应用。

（一）硫黄

(1)特点。硫黄属多功能药剂，除有杀菌作用外，还能杀螨和杀虫，用于防治各种作物的白粉病和叶螨等，持效期可达半个月左右。

（2）制剂。80%水分散粒剂，45%、50%悬浮剂，混配制剂有多·硫、福·甲·硫黄、硫黄·三唑酮可湿性粉剂，硫黄·三环唑悬浮剂等。

（3）使用技术。蔬菜使用硫黄悬浮剂主要用于防治瓜类白粉病，使用时将50%硫黄悬浮剂稀释成200~400倍液喷雾，每隔10d左右喷洒1次，一般发病轻的用药2次，发病重者用药3次。

（二）石硫合剂

（1）特点。石硫合剂是由硫黄、生石灰和水熬制而成，三者最佳配比是生石灰：硫黄：水=1：2：10，其有效成分是多硫化钙，主要用作杀菌剂，此外还具有一定的杀虫、杀螨作用，可防治苹果、葡萄、麦类等的白粉病及多种害螨及介壳虫，以前主要由果农自己熬制，现在有加工好的制剂销售。

（2）制剂。29%水剂，45%固体，45%结晶，30%块剂。

（3）使用技术。防治苹果白粉病，用45%石硫合剂结晶200~300倍液，在苹果开花前和落花后10d喷雾。防治苹果花腐病，苹果发芽后用45%石硫合剂结晶150~200倍液。防治苹果腐烂病，苹果休眠期用45%石硫合剂结晶30倍液喷雾。防治桃树病害，在桃树发芽前可用45%石硫合剂结晶100倍液防治桃流胶病、缩叶病和疮痂病。防治葡萄病害，在发芽前用45%石硫合剂结晶100倍液，可防治白粉病、黑痘病及东方盔蚧越冬若虫等。防治柿树白粉病，在春季（4—5月）用45%石硫合剂结晶300倍液喷洒。

（4）注意事项。现配现用；气温达到32℃以上时慎用；桃、李、梅花、梨等蔷薇科和紫荆、合欢等豆科植物对石硫合剂敏感。

（三）波尔多液

（1）特点。波尔多液是硫酸铜和生石灰加水的混合制剂，是一种良好的保护性杀菌剂，黏着性很好，喷洒在植物表面后，可形成一层保护膜，不易被雨水冲刷掉，杀菌范围广，适宜在病菌入侵作物前使用。

(2) 制剂。80%可湿性粒剂。生产上常用的波尔多液多数是使用者现配现用，用硫酸铜、生石灰和水按一定的比例配制成的天蓝色胶状悬浊液。比例有波尔多液1%等量式（硫酸铜：生石灰：水=1：1：100)、1%倍量式（硫酸铜：生石灰：水=1：2：100)、1%半量式（硫酸铜：生石灰：水=1：0.5：100)、1%多量式［硫酸铜：生石灰：水=1：（3~5）：100］等。

(3) 使用技术。波尔多液广泛用于预防蔬菜、果树、棉、麻等的多种病害，对霜霉病、炭疽病、晚疫病、轮纹病等效果好。

(4) 注意事项。现用现配，久置失效；配制时先用少量水把石灰溶解成石灰乳其余的水配制硫酸铜溶液，然后将硫酸铜溶液慢慢倒入石灰乳中，边倒边搅拌；不能与石硫合剂混用；先期西洋参叶片嫩时不可使用以免发生药害。

二、有机杀菌剂

有机杀菌剂指在一定剂量或浓度下，具有杀死为害作物病原菌或抑制其生长发育的有机化合物，包括有机硫杀菌剂、有机氯杀菌剂、有机磷杀菌剂、有机砷杀菌剂、有机锡杀菌剂、有机汞杀菌剂（已禁用)，酰胺类杀菌剂、酰亚胺类杀菌剂、取代苯类杀菌剂、苯并咪唑类杀菌剂、三唑类杀菌剂、杂环类杀菌剂和农用抗生素及植物杀菌素。

（一）代森锌

(1) 特点。叶面用保护性杀菌剂，主要用于防治麦类、蔬菜、葡萄、果树和烟草等作物的多种真菌病害，可防治白菜、黄瓜霜霉病，番茄炭疽病，马铃薯晚疫病，葡萄白腐病、黑斑病，苹果、梨黑星病等。

(2) 制剂。65%、80%可湿性粉剂，混配制剂有王铜·代森锌、代森·甲霜灵等。

(3) 使用技术。防治马铃薯早疫病、晚疫病，番茄早疫病、晚疫病、斑枯病、叶霉病、炭疽病、灰霉病，茄子绵疫病、褐纹病，白菜、萝卜、甘蓝霜霉病、黑斑病、白斑病、软腐病、黑腐病，瓜类炭疽病、霜霉病、疫病、蔓枯病、冬瓜绵疫，豆类炭疽病、褐斑病、锈病、火烧病等，用65%代森锌可湿性粉剂500~700倍液喷雾，喷药次数根据发病情况而定，一般在发病前或发病初期开始喷第一次药，以后每隔7~10d喷1次，速喷2~3次。防治蔬菜苗期病害，可用代森锌和五氯硝基苯做成“五代合剂”处理土壤，即用五氯硝基苯和代森锌等量混合后，按每平方米育苗床面用混合制剂8~10g。用前将药剂与适量的细土混匀，取1/3药土撒在床面做垫土，播种后用剩下的2/3药土作播后覆盖土用，而后用塑料薄膜覆盖床面，保持床面湿润，直到幼苗出土揭膜。防治白菜霜霉病和蔬菜苗期病害，可用种子重量的0.3%~0.4%混合制剂进行药剂拌种。

（二）福美双

（1）其他名称。秋兰姆、赛欧散、阿锐生。

（2）特点。广谱保护性杀菌剂，可防治多种作物的霜霉病、疫病、炭疽病，尤其对种子传染和苗期土壤传染的病害有良好的防治效果，对高等动物毒性中等。

（3）制剂。50%、75%、80%可湿性粉剂。

（4）使用技术。主要用作种子处理和土壤处理，粮食作物病害拌种防治水稻稻瘟病、胡麻叶斑病、稻苗立枯病、稻恶苗病，每50kg种子用50%福美双可湿性粉剂250g拌种或用50%福美双可湿性粉剂500~1 000倍液浸种2~3d。

（5）注意事项。注意不能与铜、汞及碱性农药混用或前后紧连使用；拌过药的种子有残毒，不能再食用。

（三）代森锰锌

（1）其他名称。速克净、大生、喷克、大生富、山德生。

（2）特点。是杀菌谱较广的保护性杀菌剂。对霜霉病、疫病、炭疽病及各种叶斑病有防治效果。

（3）制剂。70%、80%可湿性粉剂，混配制剂有烯酰·锰锌、氢铜·锰锌、乙铝·锰锌、锰锌·三唑酮、锰锌·霜霉威、异菌·多·锰锌。

（4）使用技术。防治番茄、茄子、马铃薯疫病、炭疽病、叶斑病，用80%代森锰锌可湿性粉剂400~600倍液，发病初期喷洒，连喷3~5次；防治蔬菜苗期立枯病、猝倒病，用80%代森锰锌可湿性粉剂，按种子重量的0.1%~0.5%拌种；防治瓜类霜霉病、炭疽病、褐斑病，用80%代森锰锌可湿性粉剂400~500倍液喷雾，连喷3~5次；防治白菜、甘蓝霜霉病，芹菜斑点病，用80%代森锰锌可湿性粉剂500~600倍液喷雾，连喷3~5次；防治菜豆炭疽病、赤斑病，用80%代森锰锌可湿性粉剂400~700倍液喷雾，连喷2~3次。

（5）注意事项。使用时需戴口罩及手套，不要使药液溅洒在眼睛和皮肤上，喷药后用肥皂洗手、洗脸，该品不要与铜制剂和碱性药剂混用。

（四）多菌灵

（1）其他名称。棉萎灵、棉萎丹、保卫田。

（2）特点。一种高效、低毒、广谱的内吸杀菌剂，具有明显的向顶输导性能，可用于叶部喷雾，也可拌种和浇土处理。可用于防治褐大丽花花腐病、月季褐斑病、君子兰叶斑病等，对皮肤和眼睛无刺激作用，对试验动物无致癌作用，对鱼类和蜜蜂低毒。

（3）制剂。40%悬浮剂，25%、40%、50%、80%可湿性粉剂，混配制剂有多·咪·福美双、嘧霉·多菌灵、烯唑·多菌灵等。

（4）使用技术。多菌灵常用于为谷物、柑橘、香蕉、草莓、凤梨或梨果等水果的杀真菌过程。用25%多菌灵可湿性粉剂兑水稀释后喷施，用400~500倍液，防治白菜类、萝卜、乌塌菜等的白斑病。用50%多菌灵可湿性粉剂兑水稀释后喷施，用500倍液，防治大白菜的炭疽病、白斑病，萝卜炭疽病，白菜类灰霉病；用600~800倍液，防治十字花科蔬菜的菌核病；用800倍液，防治白菜等的炭疽病，十字花科蔬菜白斑病，青花菜叶霉病。用80%多菌灵可湿性粉剂兑水稀释后喷施，用800倍液，防治白菜类、萝卜等的白斑病。

（5）注意事项。使用时，多菌灵可与一般杀菌剂混用，但与杀虫剂、杀螨剂混用时，要随混随用。

（五）噻菌灵

（1）其他名称。特克多、涕必灵。

（2）特点。高效、广谱、内吸性杀菌剂，兼有保护和治疗作用，能向顶传导，但不能向基传导，持效期长，与苯并咪唑类杀菌剂有交互抗性，属低毒杀菌剂，对皮肤无刺激作用，对动物无致畸、致癌和致突变作用。

（3）制剂。15%、42%、45%悬浮剂，40%、60%、90%可湿性粉剂，42%胶悬剂等。

（4）使用技术。主要用于蔬菜、水果类的防腐。柑橘贮藏病害用45%噻菌灵悬浮液1 000~5 000mg/kg浸果3~5min，低温下保存2~3个月，仍新鲜；香蕉防腐用45%噻菌灵悬浮液500~700mg/kg浸果3min，捞出晾干，低温保存，保鲜期1个多月；水稻恶苗病每100kg稻种用噻菌灵有效成分含量180~300g可湿性粉剂拌种，如60%噻菌灵可湿性粉剂用300~500g，90%噻菌灵可湿性粉剂用200~300g；苹果和梨的青霉病、炭疽病、灰霉病、黑星病、白粉病等防治，收获前每亩用噻菌灵含有效成分30~60g药液喷雾。

（5）注意事项。该剂对鱼有毒，注意不要污染池塘和水源。

（六）异菌脲

（1）其他名称。扑海因、咪唑霉。

（2）特点。属广谱保护性、触杀型杀菌剂，但也具有一定的治疗作用，主要防治葡萄孢属、丛梗孢属、青霉属、核盘菌属、丝核菌属等引起的多种植物病害，可用来防治对苯并咪唑类内吸杀菌剂有抗性的真菌。

（3）制剂。550%可湿性粉剂，25.5%、50%悬浮剂，10%乳油，混配制剂有咪鲜·异菌脲、嘧霉·异菌脲、异菌·福美双、锰锌·异菌脲、甲硫·异菌脲等。

（4）使用技术。适用于瓜类、番茄、辣椒、茄子、园林花卉、草坪等多种蔬菜及观赏植物等，主要防治对象为由葡萄孢菌、珍珠菌、交链孢菌、核盘菌等引起的病害。苹果轮斑病、褐斑病及落叶病的防治，春梢生长期初发病时，喷50%异菌脲可湿性粉剂1 000~1 500倍液，以后每隔10~15d喷1次；花生冠腐病每100kg种子用50%异菌脲可湿性粉剂100~300g拌种；玉米小斑病的防治，在玉米小斑病初发时开始喷药，50%异菌脲可湿性粉剂200~400g加水喷雾，隔2周再喷1次；番茄早疫病，番茄移栽后半个月开始喷药，50%异菌脲可湿性粉剂100~200g加水喷雾，隔2周再喷1次。

（5）注意事项。注意不能与强酸性或强碱性的药剂混用，不能与腐霉利、乙烯菌核利等作用方式相同的杀菌剂混用或轮用。

（七）腐霉利

（1）其他名称。速克灵、二甲菌核利。

（2）特点。属低毒杀菌剂，有内吸性，可以被叶、根吸收，耐雨冲洗，持效期长，能阻止病斑发展，可用于防治园林植物上的灰霉病、菌核病等。

（3）制剂。50%可湿性粉剂，35%、20%悬浮剂，15%烟剂，混配制剂有腐霉·福美双。

（4）使用技术。防治油菜、番茄、黄瓜、向日葵菌核病，每亩用50%腐霉利可湿性粉剂50g加水喷雾；防治玉米大斑病、小斑病、樱桃褐腐病，每亩用50%腐霉利可湿性粉剂50~75g加水75~100kg喷雾，间隔7~10d喷药1~2次；防治葡萄、番茄、桃、黄瓜、葱等灰霉病，在发病初期每亩用50%腐霉利可湿性粉剂30~50g加水喷雾，1周以后再喷1次。

（八）嘧霉胺

（1）其他名称。施佳乐。

（2）特点。具有内吸传导和熏蒸作用，施药后迅速达到植株的花、幼果等喷雾无法达到的部位杀死病菌，药效快，稳定，药剂具有较好的保护和治疗效果，主要用于防治植物灰霉病。

（3）制剂。20%、40%悬浮剂，20%、40%可湿性粉剂，混配制剂有嘧霉·百菌清、嘧胺·乙霉威、嘧霉·多菌灵等。

（4）使用技术。防治黄瓜番茄等灰霉病，在发病前或初期，每亩用40%嘧霉胺可湿性粉剂25~95g加水30~75kg，植株大，高药量高水量；植株小，低药量低水量，每隔7~10d用一次，共用2~3次。一个生长季节防治需用药4次以上，应与其他杀菌剂轮换使用，避免产生抗性，露地菜用药应选早晚风小、低温进行；防治葡萄灰霉病，喷40%嘧霉胺悬浮剂或可湿性粉剂1 000~1 500倍液，生长季节需施药4次以上时，应与其他杀菌剂交种使用，避免产生耐药性。

（5）注意事项。在不通风的温室或大棚中，如果用药剂量过高，可能导致部分植物叶片出现褐色斑点，因此请注意按照标签的推荐浓度使用，并建议施药后通风。

（九）霜霉威

（1）其他名称。普力克、丙酰胺。

（2）特点。该药剂是一种新型内吸杀菌剂，用作土壤处理时，能很快被根吸收并上输到整个植株，用作茎叶处理时，能很快被叶片吸收并分布在叶片中，对于防治霜霉病、腐霉病、疫病有特效，尤其对常用杀菌剂已产生抗药性的病菌有效，低毒，对天敌及有益生物无害。

（3）制剂。50%热雾剂，66. 5%、72. 2%水剂，72. 2%悬浮剂，30%高渗水剂。

（4）使用技术。霜霉威可广泛适用于黄茄、辣椒、莴苣、马铃薯等蔬菜及烟草、草莓、草坪、花卉卵菌纲真菌病害具有很好的防治效果，如霜霉病、猝倒病、晚疫病、黑胫病等，从病害发生前或发生初期开始喷药，7~10d喷1次，与其他不同类型杀菌剂交替使用。一般使用72. 2%霜霉威水剂600~800倍液或66. 5%霜霉威水剂500~700倍液或35%霜霉威水剂300~400倍液，均匀喷雾。防治苗床及苗期病害，播种前或播种后、移栽前或移栽后，每平方米使用72. 2%霜霉威水剂5~7. 5mL或66. 5%霜霉威水剂5. 5~8mL或35%霜霉威水剂10~15mL加水2~3L后浇灌。

（5）注意事项。为预防和延缓病菌抗病性，注意应与其他农药交替使用，每季喷洒次数最多3次；配药时，按推荐药量加水后要搅拌均匀，若用于喷施，要确保药液量，保持土壤湿润。

（十）咪鲜胺

（1）其他名称。施保克、扑霉灵。

（2）特点。高效、广谱杀菌剂，具有一定的传导性能和保护铲除作用，对子囊菌和半知菌引起的多种病害防效好，且见效快、持效期长。

（3）制剂。25%、45%乳油，45%水乳剂，50%可湿性粉剂，混配制剂有丙环·咪鲜胺、戊唑·咪鲜胺、咪鲜·异菌脲等。

（4）使用技术。果树病害主要用于水果防腐保鲜。防治柑橘果实贮藏期的蒂腐病、青霉病、绿霉病、炭疽病，在采收后用25%咪鲜胺乳油500~1 000倍液浸果2min，捞起、晾干、贮藏；防治稻瘟病，每亩用25%咪鲜胺乳油60~100mL，加水喷雾；防治小麦赤霉病，每亩用25%咪鲜胺乳油53~67mL，加水常规喷雾，同时可兼治穗部和叶部的根腐病及叶部多种叶枯性病害；防治甜菜褐斑病，每亩用25%咪鲜胺乳油80mL，加水常规喷雾，隔10d喷1次，共喷2~3次；播前用25%咪鲜胺乳油800~1 000倍液浸种，在块根膨大期每亩用150mL兑水喷1次，可增产增收。

（5）注意事项。该药剂加水生动物有毒，施药时应远离鱼塘。

（十一）烯唑醇

（1）其他名称。速保利、特普唑。

（2）特点。具有保护、治疗和铲除作用，且有内吸向上传导作用，杀菌谱广，对子囊菌和担子菌所引起的白粉病、锈病、黑粉病、黑星病等有高效。

（3）制剂。2%、12.5%可湿性粉剂，5%拌种剂，10%、12.5%、25%乳油，混配制剂有锰锌·烯唑醇、井冈·烯唑醇、烯唑·三唑酮等。

（4）使用技术。防治花卉、草坪草锈病、白绢病等用12.5%

烯唑醇可湿性粉剂稀释 3 000~4 000 倍液喷雾；防治梨黑腥病 12.5%烯唑醇可湿性粉剂稀释 3 500~4 000 倍液；防治小麦白粉病、水稻纹枯病 12.5%烯唑醇可湿性粉剂稀释用量 32~64g/亩。

(5) 注意事项。要严格掌握使用浓度，当单位面积上用药量偏大时，易对黄瓜、西葫芦生长产生抑制作用。

(十二) 氟菌唑

(1) 其他名称。特富灵。

(2) 特点。具有内吸、治疗、保护作用的广谱性杀菌剂，可用于防治植物白粉病、锈病、炭疽病等多种病害。

(3) 制剂。30%可湿性粉剂。

(4) 使用技术。防治苹果黑星病、白粉病用 30%氟菌唑可湿性粉剂 2 000~3 000 倍液喷雾；防治麦类白粉病、黑穗病、条斑病每 100kg 种子用 30%氟菌唑可湿性粉剂 1 500g 拌种或每亩用 30%氟菌唑可湿性粉剂 200~300g 加水喷雾，间隔 7~10d，施药 2~3 次；防治黄瓜白粉病，发病初期第一次施药，间隔 10d 第二次施药，每亩用 30%氟菌唑可湿性粉剂 33.3~40g；防治水稻恶苗病，用 30%氟菌唑可湿性粉剂 20~30 倍液浸种 10min 或用 200~300 倍液浸种 1~2d，隔 7~10d 再喷 1 次。

(十三) 三唑酮

(1) 其他名称。粉锈宁，百里通。

(2) 特点。具有很强的内吸作用，对病害具有预防、铲除和治疗作用，除卵菌纲真菌外，对多数真菌均有作用，对白粉病、锈病有特效，对根腐病、叶枯病也有很好的防治效果。

(3) 制剂。15%可湿性粉剂，15%、20%乳油，15%烟雾剂等，混配制剂有多·酮、唑酮·氧乐果、咪鲜·三唑酮、硫黄·三唑酮等。

(4) 使用技术。三唑酮对多种作物由真菌引起的病害，如锈病、白粉病等有一定的治疗作用，可用作喷雾、拌种和土壤处理。防治黄瓜、西瓜、丝瓜白粉病、炭疽病，用 15%三唑酮可湿性粉剂 1 000~1 200 倍液喷雾，间隔 15d 喷 1 次，连喷 3~4 次；

防治菜豆炭疽病、豌豆白粉病，连喷2~3次即可；防治温室、塑料棚等保护地设施内蔬菜白粉病，每立方米耕层土壤用15%三唑酮可湿性粉剂12g拌和作栽培土，持效期可达2个月左右；防治豇豆锈病、豌豆白粉病、蚕豆锈病，用25%三唑酮可湿性粉剂2 000~3 000倍液，每隔15~20d喷1次，连喷2~3次；防治番茄白绢病，用25%三唑酮可湿性粉剂2 000倍液浇灌根部，每隔10~15d灌1次，连灌2次。

（5）注意事项。持效期长，叶菜类应在收获前15~20d停止使用；使用浓度不能随意增大，以免发生药害，出现药害后常表现植株生长缓慢、叶片变小、颜色深绿或生长停滞等，遇到药害要停止用药，并加强肥水管理。

（十四）甲霜灵

（1）其他名称。韩乐农、瑞毒霉、雷多米尔。

（2）特点。一种触杀、内吸性杀菌剂，具有保护、治疗作用，可被植物的根、茎、叶吸收，在植物体内能双向传导，可作茎叶处理、种子处理和土壤处理，对霜霉菌、腐霉菌、疫霉菌所引起的病害有特效。

（3）制剂。25%可湿性粉剂，35%拌种剂，5%颗粒剂。

（4）使用技术。防治黄瓜霜霉病和疫病，茄子、番茄及辣椒的棉疫病，十字花科蔬菜白锈病等，用25%甲霜灵可湿性粉剂750倍液，每隔10~14d喷1次，用药次数每季不得超过3次；防治谷子白发病，每100kg种子用35%甲霜灵拌种剂200~300g拌种，先用1%清水或米汤将种子湿润，再拌入药粉；防治烟草黑茎病，苗床在播种后2~3d，每亩用25%甲霜灵可湿性粉剂133g，进行土壤处理，本田在移栽后第七天用药，每亩用25%甲霜灵可湿性粉剂兑水500倍喷雾；防治马铃薯晚疫病，在初见叶斑时，每亩用25%甲霜灵可湿性粉剂500倍液喷雾，每隔10~14d喷1次，不得超过3次。

（5）注意事项。单一长期使用该药，病菌易产生抗性。目前尚无特效解毒药，遵医嘱，对症下药。

（十五）百菌清

（1）其他名称。达科宁。

（2）特点。非内吸性广谱性杀菌剂，对多种植物真菌病害具有预防作用，但在植物已受到病菌侵染，病菌进入植物体内后，其杀菌作用很小，防效差，在植物表面有良好的黏着性，不易受雨水等冲洗，持效期长，对霜霉病、疫病、灰霉病、炭疽病及各种叶斑病有较好的防治效果。

（3）制剂。40%、50%、60%、75%可湿性粉剂，40%悬浮剂，10%、20%、30%、40%烟剂，混配制剂有百·多·福、咪·酮·百菌清、烯酰·百菌清、嘧霉·百菌清等。

（4）使用技术。防治蔬菜幼苗猝倒病，播前3d，用75%百菌清可湿性粉剂400~600倍液将整理好的苗床全面喷洒一遍，盖上塑料薄膜闷2d后，揭去薄膜晾晒苗床1d，准备播种。出苗后，当发现有少量猝倒时，拔除病苗，用75%百菌清可湿性粉剂400~600倍液泼浇病苗周围床土或喷到土面见水为止，再全苗床喷一遍。防治苹果白粉病，于苹果开花前后喷75%百菌清可湿性粉剂700倍液；防治苹果轮纹烂果病、炭疽病、褐斑病，从幼果期至8月中旬，15d左右喷1次75%百菌清可湿性粉剂600~700倍液，或与其他杀菌剂交替使用，但在苹果谢花20d内的幼果期不宜用药。防治茶炭疽病、茶云纹叶枯病、茶饼病、茶红锈藻病，于发病初期喷5%百菌清可湿性粉剂600~1 000倍液。

（5）注意事项。百菌清对鱼有毒，施药时必须远离池塘、湖泊和溪流，清洗药具的药液不要污染水源。

三、抗生素类杀菌剂

抗生素类杀菌剂来源于微生物产生的次级代谢产物及以产生的生物活性物质为样板，进行人工合成或结构改造，成为人工半合成的产物。这类杀菌剂大部分具有内吸性能、高效、选择性强、有治疗和保护作用、生物降解快，无公害，对人、畜安全等优点，但药效不稳定，成本高，持效期短（易被土壤微生物及紫外线分解)、抗药性菌株易出现（高度选择性所致）等缺点。

（一）春雷霉素

（1）其他名称。春日酶素、加收米。

（2）特点。小金色纺线菌产生的水溶性抗生素，对人、畜、家禽、鱼虾类、蚕等均为低毒，具有较强的内吸性，对病害有预防和治疗作用。

（3）制剂。2%水剂，2%、4%、6%可湿性粉剂，0.4%粉剂等。

（4）使用技术。主要用于防治黄瓜的炭疽病、细菌性角斑病、枯萎病，番茄的叶霉病。对黄瓜的炭疽病、细菌性角斑病，用2%春雷霉素水剂350~700倍液喷施；对番茄叶霉病，用2%春雷霉素水剂500~1 000倍液喷施；对黄瓜枯萎病，应于发病前或发病初用2%春雷霉素水剂50~100倍液灌根、喷根茎或喷洒病部。

（5）注意事项。药剂应存放在阴凉处；稀释的药液应一次用完，如果搁置易污染失效；不能与碱性农药混用；要避免长期连续使用春雷霉素，否则易产生抗药性。

（二）多抗霉素

（1）其他名称。多氧霉素、宝丽安。

（2）特点。一种广谱性抗生素杀菌剂，具有较好的内吸传导作用。其作用机制是干扰病菌细胞壁几丁质的生物合成，可抑制病菌产孢和病斑扩大。可用于防治叶斑病、白粉病、霜霉病、枯萎病等多种病害，且对植物安全。

（3）制剂。1.5%、3%、10%可湿性粉剂，1%、1.5%、3%水剂，混配制剂有多抗·福美双、多抗·锰锌等。

（4）使用技术。在蔬菜上应用，主要防治瓜类、番茄白粉病、灰霉病，丝核菌引起的叶菜和其他蔬菜的腐烂、猝倒病，以及黄瓜的霜霉病和番茄的晚疫病。用2%多抗霉素可湿性粉剂100~200倍液喷洒。

（三）木霉菌

（1）其他名称。特立克。

（2）特点。具有多重杀菌、抑菌功效，杀菌谱广，可防治猝倒、根腐、白绢、疫病、叶霉、灰霉等多种病害，且病菌不易产生抗性，主要作用机制是以绿色木霉菌通过重复寄生、营养竞争和裂解酶的作用杀灭病原菌，属微生物体农药。

（3）制剂。1.5 亿个活孢子/g、2 亿个活孢子/g 可湿性粉剂，2 亿个活孢子/g、1 亿个活孢子/g 水分散粒剂。

（4）使用技术。防治黄瓜、大白菜霜霉病，于发病初开始施药，每亩用木霉菌 1.5 亿个活孢子/g 可湿性粉剂 200~300g 加水 60kg 喷雾，7d 喷 1 次，连喷 3 次；防治油菜霜霉病和菌核病，每亩用木霉菌 1.5 亿个活孢子/g 可湿性粉剂 200~300g，加水 15kg 喷雾，7d 喷 1 次；防治小麦纹枯病，每 100kg 种子用木霉菌 1 亿个活孢子/g 水分散粒剂 2.5~5kg 拌种或每亩用木霉菌 1 亿个活孢子/g 水分散粒剂 50~100g，兑水顺垄灌根 2 次。

（5）注意事项。应避免阳光和紫外线直射。露天使用时，最好于阴天或 16 时后作业。

（四）井冈霉素

（1）其他名称。有效霉素。

（2）特点。具有极强的内吸性，也有治疗作用，可用于防治多种植物病害，对高等动物低毒，残效期为 15~20d。

（3）制剂。5%、10%、15%、20% 可溶性粉剂，3%、5%、10%水剂。

（4）使用技术。在蔬菜上应用，主要用于防治苗期立枯病和白绢病。对苗期立枯病，用 5%井冈霉素水剂 500~1 000 倍液浇灌；对白绢病，用 10%井冈霉素水剂 1 000 倍液喷施。

（5）注意事项。井冈霉素水剂中含有葡萄糖、氨基酸等适于微生物生长的营养物质，贮放时要注意防霉、防高温、防日晒，并要保持容器密封。

（五）农抗 120

（1）其他名称。抗菌霉素 120、120 农用抗菌霉素。

（2）特点。刺孢吸水链霉素菌产生的水溶性抗生素，是一种广谱性抗生素，对人、畜低毒。

（3）制剂。2%水剂。

（4）使用技术。主要用于防治蔬菜、果树、花卉等作物的白粉病，对瓜果的炭疽病、番茄的疫病也有一定效果，一般使用浓度为 2%农抗 120 水剂 100~200 倍液喷雾。

第六节　除草剂

一、旱田除草剂

芽前除草剂有乙草胺、甲草胺、异丙草胺、异丙甲草胺、精异丙甲草胺、二甲戊灵、仲丁灵、氟乐灵、敌草胺、氯嘧磺隆、苯磺隆、噻磺隆、啶嘧磺隆、异恶草松、咪唑乙烟酸、莠去津、丙炔氟草胺、乙氧氟草醚、嗪草酮等。

（一）甲草胺

（1）其他名称。拉索、澳特拉索、草不绿。

（2）特点。选择性芽前除草剂，适用于大豆、玉米、花生、棉花、马铃薯、甘蔗、油菜等作物田，防除稗草、马唐、蟋蟀草、狗尾草、秋稗、臂形草、马齿苋、苋、轮生粟米草、藜、蓼等一年生禾本科杂草和阔叶杂草，对菟丝子也有一定防效。

（3）制剂。48%、43%乳油，15%颗粒剂。

（4）使用技术。在玉米、棉花、花生地上使用一般于播后出苗前，每亩用 48%甲草胺乳油 200~250mL 加水 35kg 左右均匀喷雾土表；在大豆田使用，在播后出苗前每亩用 48%甲草胺乳油 200~300mL 加水 35kg 均匀喷雾土表，用于防除大豆菟丝子，一般在大豆出苗前后，菟丝子缠绕的大豆茎叶，能较好地防除菟丝子，对大豆安全；用于番茄、辣椒、洋葱、萝卜等蔬菜田除草在播种前或移栽前，每亩用43%甲草胺乳油200mL加水40~50kg，均匀喷雾土表，用耙浅混土后播种或移栽，若施药后覆盖地膜，则用药量应适当减少1/3~1/2。

（5）注意事项。甲草胺水溶性差，如遇干旱天气又无灌溉条件，应采用播前混土法，否则药效难于发挥；甲草胺对已出土杂草无效，应注意在杂草种子萌动高峰且又未出土前喷药，方能获得最大药效。

（二）异丙甲草胺

（1）其他名称。都尔、稻乐思。

（2）特点。属酰胺类选择性芽前土壤处理剂，主要通过幼芽吸收，而且禾本科杂草幼芽吸收能力比阔叶杂草强，可防除稗草、马唐、狗尾草、牛筋草、马齿苋、苋、藜、反枝苋、碎米莎草、油莎草等杂草，但对铁苋菜防效差，对人、畜、鸟类低毒。

（3）制剂。70%、72%、96%乳油。

（4）使用技术。可防除稗、马唐、狗尾草、画眉草等一年生杂草及马齿苋、苋、藜等阔叶性杂草，适用于马铃薯、十字花科、西瓜和茄科蔬菜等菜田除草。直播甜椒、甘蓝、大萝卜、小萝卜、大白菜、小白菜、油菜、西瓜、育苗花椰菜等菜田除草，于播种后至出苗前，每亩用72%异丙甲草胺乳油100g，加水喷雾处理土壤；移栽蔬菜田，如甘蓝、花椰菜、甜（辣）椒等，在移栽缓苗后，每亩用72%异丙甲草胺乳油100g，兑水定向喷雾，处理土壤。

（5）注意事项。异丙甲草胺不适用于多雨地区和有机质含量低于1%的沙土，而土壤湿度适宜有利于药效的发挥，如遇干旱，药效降低。

（三）二甲戊乐灵

（1）其他名称。施田补、二甲戊灵、除草通。

（2）特点。属于一种优秀的旱田作物选择性除草剂，可以广泛应用于棉花、玉米、直播旱稻、大豆、花生、马铃薯、大蒜、甘蓝、白菜、韭菜、葱、姜等多种作物田除草。

（3）制剂。30%、33%乳油，45%微胶囊剂，混配制剂有甲戊·乙草胺、甲戊·莠去津、苄嘧·二甲戊等。

（4）使用技术。旱稻，水稻旱育秧田每亩用33%二甲戊乐灵乳油150~200mL加水15~20kg，播种后出苗前表土喷雾；棉花每亩用33%二甲戊乐灵乳油150~200mL兑水15~20kg，播种前或播种后出苗前表土喷雾，因北方棉区天气干旱，为了保证除草效果，施药后需混土3~5cm；在烟草全田烟株50%以上中心花开放式进行打顶，并摘除长于2cm的腋芽，打顶后24h内用杯淋法施药。每株用稀释80~100倍液后的药液15~20mL从烟株顶部林下，施药1次，确保每个腋芽处能接触药液，也可以用于烟草田杂草处理。

（5）注意事项。本品在土壤中的吸附性强，不会被淋溶到土壤深层，施药后遇雨不仅不会影响除草效果，而且可以提高除草效果，不必重喷。

（四）氟乐灵

（1）其他名称。特福力、氟特利。

（2）特点。是一种选择性、触杀型、芽前土壤处理低毒除草剂，可防除一年生禾本科以及种子繁殖的多年生杂草和某些阔叶杂草，容易被土壤吸附固定，残效期较长，毒性低，主要用于苗圃防除稗草、马唐、牛筋草、千金子、狗尾草、大画眉草、早熟禾、雀麦、马齿苋、藜、扁蓄、繁缕、猪毛菜、蒺藜草、野燕麦等。

（3）制剂。48%乳油。

（4）使用技术。在杂草出土前，每亩用48%氟乐灵乳油100~150mL加水50~60kg均匀喷于土壤表面，施药后立即耕耘与土混匀。土壤湿度适宜有利于药效的发挥，如遇干旱，药效降低，由于易挥发和光解，施药后要及时混土。

（五）苯黄隆

（1）其他名称。巨星、阔叶净、麦黄隆。

（2）特点。选择性内吸传导型除草剂，可由植物的根、茎、叶吸收，并在体内传导，用于防除禾本科草坪中的双子叶杂草，如马齿苋、雀舌草、播娘蒿、苍耳、反枝苋、刺儿菜、苦荬菜、荠菜、藜、蓼等，对小蓟、田旋花、鸭跖草、铁苋菜效果较差，对禾本科植物安全，对人、畜低毒。

(3) 制剂。75%水分散剂，10%、75%可湿性粉剂，20%可溶性粉剂。

(4) 使用技术。小麦二叶期至拔节期，杂草苗前或苗后早期施药，一般每亩用苯黄隆10%可湿性粉剂10~20g加水15~30kg，均匀喷雾杂草茎叶，杂草较小时，低剂量即可取得较好的防效，杂草较大时，应用高剂量。

(六) 莠去津

(1) 其他名称。阿特拉津。

(2) 特点。是内吸选择性苗前、苗后除草剂，以根吸收为主，茎叶吸收很少，易被雨水淋洗至土壤深层，对某些深根草亦有效，但易产生药害。在土壤中可被微生物分解，适用于苗圃、林地防除马唐、稗草、狗尾草、莎草、看麦娘、蓼、藜、十字花科、豆科杂草，对某些多年生杂草也有一定抑制作用，微溶于水，对人、畜低毒。

(3) 制剂。90%水分散粒剂、40%悬浮剂、50%可湿性粉剂，常与甲草胺、丁草胺、草净津、伏草隆、乙草胺等混用。

(4) 使用技术。甘蔗田使用于甘蔗下种后5~7d，杂草部分出土，每亩用莠去津50%可湿性粉剂或40%莠去津悬浮剂200~250g，加水30kg，对地表均匀喷雾；茶园、果园、葡萄园使用4—5月田间杂草萌发高峰期，先将已出土大草和越冬杂草铲除，然后每亩用40%莠去津悬浮剂250~300g加水40kg均匀喷布土表；玉米在播种后1~3d加水30kg均匀喷雾土表。

(5) 注意事项。莠去津持效期长，对后茬敏感作物小麦、大豆、水稻等有害，持效期达2~3个月，可通过减少用药量，与其他除草剂如烟嘧磺隆或甲基磺草酮等混用解决；桃树对莠去津敏感，不宜在桃园使用；玉米套种豆类不能使用；土表处理时，要求施药前，地要整平整细。

（七）乙氧氟草醚

（1）其他名称。果尔、割地草。

（2）特点。选择性芽前或芽后除草剂，主要通过胚芽鞘、中胚轴进入植物体内，经根部吸收较少，并有极微量通过根部向上运输进入叶部，主要用于林地、针叶苗圃防除稗草、牛毛草、鸭舌草、狗尾草、藜、龙葵、苘麻、豚草、苍耳、牵牛花等一年生单、双子叶杂草，而对瓜皮草、双穗雀稗、扁秆藨草、水花生、香附子等多年生杂草无效。

（3）制剂。24%、23.5%乳油，2%颗粒剂，混配制剂有氧氟·乙草胺、氧氟·草甘膦等。

（4）使用技术。大蒜播种后至立针期或大蒜苗后二叶一心期以后、杂草四叶期以前施药，每亩用20%乙氧氟草醚乳油60~70mL加水20~30kg均匀喷雾；直播田在洋葱二三叶期施药，每亩用20%乙氧氟草醚乳油50~60mL加水30~45kg均匀喷雾；花生播种后苗前施药，每亩用20%乙氧氟草醚乳油50~70mL加水30~45kg均匀喷雾；玉米播后苗前施药，每亩用20%乙氧氟草醚乳油40~50mL加水30kg均匀喷雾；瓜果类蔬菜整地就绪后移栽前土壤用药，而后定植，每亩用20%乙氧氟草醚乳油70~90mL加水30~40kg均匀喷雾。

（5）注意事项。大白菜、荠菜、花椰菜、甘蓝、芹菜、莴苣、茼蒿、菠菜、苋菜、芫荽等蔬菜上不提倡使用乙氧氟草醚；该剂用量少，活性高，对水稻、大豆易产生药害。

芽后除草剂，防除禾本科杂草有烯禾啶、精吡氟禾草灵、精喹禾灵、高效氟吡甲禾灵、烯草酮、烟嘧磺隆、精恶唑禾草灵、草甘膦；防除阔叶杂草有三氟羧草醚、氟磺胺草醚、乙羧氟草醚、灭草松、二甲四氯钠、氟烯草酸、麦草畏等。

（八）精吡氟禾草灵

（1）其他名称。精稳杀得、氟草除、吡氟丁禾灵。

（2）特点。属苯氧羧酸类、内吸传导、选择性、茎叶处理剂，可用于阔叶树苗圃，防除马唐、狗尾草、稗草、牛筋草、看麦娘、狗牙根等一年生和多年生禾本科杂草。

（3）制剂。15%乳油。

（4）使用技术。苗后防治油菜、糖甜菜、饲用甜菜、马铃薯、蔬菜、棉花、大豆、梨果、核果、灌木浆果、柑橘类水果、凤梨、香蕉、草莓、向日葵、紫花苜蓿、观赏植物和其他阔叶作物上的野燕麦、野生谷类、一年生和多年生杂草。防治二三叶期一年生禾本科杂草，每公顷用15%精吡氟禾草灵乳油500~750mL；防治4~5叶期，每公顷用15%精吡氟禾草灵乳油750~1 000mL；防治5~6叶期，每公顷用15%精吡氟禾草灵乳油1 000~1 200mL。杂草叶龄小用低药量，叶龄大用高药量；在水分条件好的情况下用低药量，在干旱条件下用高药量。防治多年生禾本科杂草，如狗牙根、匍匐冰草、双穗雀稗、假高粱、芦苇，每公顷用2. 0L。

（九）精喹禾灵

（1）特点。是一种高度选择性的新型旱田茎叶处理剂，在禾本科杂草和双子叶作物间有高度的选择性，对阔叶作物田的禾本科杂草有很好的防效，精禾草克作用速度更快，药效更加稳定，不易受雨水气温及湿度等环境条件的影响，适用于阔叶草坪田。

（2）制剂。5%、10. 8%乳油，60%水分散粒剂。

（3）使用技术。防治一年生禾本科杂草每亩用5%精喹禾灵乳油50~70mL加水30~40kg均匀茎叶喷雾处理，土壤水分空气湿度较高时，有利于杂草对精禾草克的吸收和传导。

（十）烟嘧磺隆

（1）其他名称。玉农乐、烟磺隆。

（2）特点。是内吸性除草剂，可为杂草茎叶和根部吸收，随后在植物体内传导，造成敏感植物生长停滞、茎叶褪绿，逐渐枯死，在芽后四叶期以前施药药效好，苗大时施药药效下降，该药具有芽前除草活性，但活性较芽后低，可以防除一年生和多年生禾本科杂草、部分阔叶杂草。

（3）制剂。4%悬浮剂，40%可分散油悬浮剂，75%水分散剂，10%可湿性粉剂，混配制剂有烟嘧·莠去津。

（4）使用技术。玉米三四叶期，杂草出齐且多为 5cm 左右株高，茎叶喷雾，每亩用 4%烟嘧磺隆悬浮剂 50~75mL（夏玉米）、65~100mL（北方春玉米）兑水 30kg 喷施。

（5）注意事项。施药后观察，玉米叶片有轻度褪绿黄斑，但能很快恢复；玉米在二叶期以下、五叶期以上较为敏感，易发生药害；施药时气温在 20℃ 左右，空气湿度在 60% 以上，施药后 12h 内无降水，有利于药效的发挥。

（十一）精恶唑禾草灵

（1）其他名称。骠马、威霸。

（2）特点。药剂通过茎叶吸收传导至分生组织及根的生长点，作用迅速，施药后 2~3d 停止生长，5~6d 心叶失绿变紫色，分生组织变褐色，叶片逐渐枯死，是选择性极强的茎叶处理剂，主要用于防除野燕麦、看麦娘、狗尾草、燕麦、黑麦草、早熟禾、稗草、自生玉米、马唐等。

（3）制剂。6.9%、7.5%水乳剂，7.5%、12%、10%乳油。

（4）使用技术。大豆田在大豆 2~3 片复叶、禾本科杂草二叶期至分蘖期，每亩用精恶唑禾草灵 6.9% 水乳剂 50~70mL 加水 20~30L 喷雾；花生田在花生二三叶期，禾本科杂草三至五叶期，每亩用 6.9%精恶唑禾草灵水乳剂 45~60mL 加水 20~30L，茎叶喷雾处理；油菜田施药时期为油菜三至六叶期，一年生禾本科杂草三至五叶期，冬油菜每亩用精恶唑禾草灵 6.9% 水乳剂 40~50mL，春油菜每亩用 50~60mL 加水喷雾；防除一年生禾本科杂草，每亩用 6.9%精恶唑禾草灵水乳剂 40~50mL 茎叶喷雾；春小麦田防除野燕麦为主的禾本科杂草，于春小麦三叶期至分蘖期，每亩用 6.9%精恶唑禾草灵水乳剂 50~80mL，加水喷雾。

（十二）草甘膦

（1）其他名称。农民乐、农达、镇草宁。

（2）特点。灭生性除草剂，对植物没有选择性，几乎所有绿色植物，不论是作物还是杂草，着药后都会被杀伤，农田施用后，良莠不分，作物与杂草都被杀死。在作物的生长期内不能使用草甘膦除草，可以利用草甘膦在土壤中很快失去毒杀作用的特点，在前茬作物收割后与后茬作物种植前的一段时间内使用草甘膦除草。

（3）制剂。10%、30%、41%水剂，30%、50%、65%、70%可溶性粉剂，74.7%、88.8%可溶性粒剂。

（4）使用技术。草甘膦接触绿色组织后才有杀伤作用，由于各种杂草对草甘膦的敏感度不同，因而用药量也不同。果园、桑园等除草每亩用10%草甘膦水剂0.5~1kg，防除多年生杂草每亩用10%草甘膦水剂1~1.5kg加水20~30kg，对杂草茎叶定向喷雾；农田倒茬播种前防除田间已生长杂草，用药量可参照果园除草；棉花生长期用药，需采用带罩定向喷雾，每亩用10%草甘膦水剂0.5~0.75kg加水20~30kg；休闲地、田边、路边除草于杂草4~6叶期，每亩用10%草甘膦水剂0.5~1kg，加柴油100mL加水20~30kg，对杂草喷雾；对于一些恶性杂草，如香附子、芦苇等，可每亩按照200g加入助剂，除草效果好。

（5）注意事项。草甘膦为灭生性除草剂，施药时切忌污染作物，以免造成药害；对多年生恶性杂草，如白茅、香附子等，在第一次用药后1个月再施1次药，才能达到理想防治效果；在药液中加适量柴油或洗衣粉，可提高药效。

（十三）二甲四氯钠

（1）特点。属于选择性内吸传导性茎叶处理的除草剂，可被植物根茎叶吸收并传导，对禾本科作物安全，对阔叶作物敏感，可有效地防除阔叶杂草和莎草科杂草。适用于水稻、麦类、玉米等禾本科作物田防除阔叶杂草和莎草科杂草。

（2）制剂。70%、56%可溶粉剂，20%水剂，混配制剂有二甲·氯氟吡、二甲·草甘膦等。

（3）使用技术。小麦分蘖末期至拔节前，每亩用二甲四氯钠20%水剂250~300mL加水25~35kg喷雾，可防除大多数一年生阔叶杂草，玉米播后苗前，每亩用20%二甲四氯钠水剂100mL加水进行土表喷雾除草效果也很好。

（十四）麦草畏

（1）其他名称。百草敌、麦草威。

（2）特点。具有内吸传导作用，对一年生和多年生阔叶杂草有显著防除效果，用于防除芦笋、玉米、高粱、小麦、甘蔗等作物田中一年生和多年生阔叶杂草，也用于防除耕作区的木本灌木丛。

（3）制剂。48%水剂，混配制剂有麦畏·草甘膦、滴钠·麦草畏等。

（4）使用技术。麦草畏用于苗后喷雾，药剂能很快被杂草的叶、茎、根吸收，通过韧皮部向上、下传导，多集中在分生组织及代谢活动旺盛的部位，阻碍植物激素的正常活动，从而使其死亡。禾本科植物吸收药剂后能很快地进行代谢分解使之失效，故表现较强的抗药性。对小麦、玉米、谷子、水稻等禾本科作物比较安全，麦草畏在土壤中经微生物较快分解后消失，用后一般24h阔叶杂草既会出现畸形卷曲症状，15~20d死亡。一年生及多年生阔叶杂草，如猪殃殃、荞麦蔓、藜、播娘蒿、田旋花、荠菜等多种阔叶杂草，每亩用48%麦草畏水剂15~25mL，在小麦三至五叶期均匀喷施。

（5）注意事项。小麦三叶期以前拔节以后禁止使用麦草畏；大风天不宜喷施麦草畏，以防随风飘移到邻近的阔叶作物上，伤害阔叶作物；麦草畏的有效成分，主要通过茎叶吸收，根系吸收很少，所以喷雾时要均匀周到，防止漏喷和重喷；麦草畏在正常施用后，小麦匍匐、倾斜或弯曲现象，一般经1周后即可恢复正常。

二、水田除草剂

芽前除草剂有丁草胺、丙草胺、莎稗磷、乙草胺、甲草胺、苯噻酰草胺、吡嘧磺隆、苄嘧磺隆、环丙嘧磺隆、乙氧磺隆、恶草酮、丙炔恶草酮、禾草敌、敌稗等。

（一）丙草胺

（1）其他名称。扫弗特。

（2）特点。高选择性的水稻田专用除草剂，为保证早期用药安全，丙草胺常加入安全剂解草啶使用，适用于水稻防除稗草、光头稗、千金子、牛筋草、牛毛毡、窄叶泽泻、水苋菜、异型莎草、碎米莎草、丁香蓼、鸭舌草等一年生禾本科和阔叶杂草。

（3）制剂。50%水乳剂，50%、30%乳油。

（4）使用技术。在水稻直播田和秧田使用，先整好地，然后催芽播种，播种后 2～4d，灌浅水层，每亩用 30%丙草胺乳油 100～115mL，加水 30kg 喷雾，保持水层 3～4d。

（二）吡嘧磺隆

（1）其他名称。草克星、水星、韩乐星。

（2）特点。为选择性内吸传导型除草剂，主要通过根系被吸收，在杂草植株体内迅速转移，抑制生长，杂草逐渐死亡，水稻能分解该药剂，对水稻生长几乎没有影响，药效稳定，安全性高，持效期 25～35d。

（3）制剂。10%可湿性粉剂，可与丁草胺、丙草胺等复配。

（4）使用技术。于水稻秧田、直播田、移栽田，可以防除一年生和多年生阔叶杂草和莎草科杂草，如异型莎草、水莎草、萤蔺、鸭舌草、水芹、节节菜、野慈姑、眼子菜、青萍、鳢肠，对稗草、千金子无效。一般在水稻一至三叶期使用，每亩用 10%吡嘧磺隆可湿性粉剂 15～30g 拌毒土撒施，也可兑水喷雾，药后保持水层 3～5d，移栽田，在插后 3～20d 用药，药后保水 5～7d。

（5）注意事项。对水稻安全性好，但晚稻品种（粳、糯稻）相对敏感，应尽量避免在晚稻芽期施用，否则易产生药害。

（三）苄嘧磺隆

（1）其他名称。农得时、稻无草、便农。

（2）特点。选择性内吸传导型除草剂，药剂在水中迅速扩散，经杂草根部和叶片吸收后转移到其他部位，阻碍支链氨基酸生物合成，能有效防治稻田一年生及多年生阔叶杂草和莎草，对水稻安全，使用方法灵活。

（3）制剂。10%、30%可湿性粉剂，混配制剂有苄嘧·苯噻酰、苄·二氯、苄嘧·丙草胺、苯·苄·乙草胺等。

（4）使用技术。适用于稻田防除一年生及多年生阔叶杂草和莎草，在作物芽后，杂草芽前及芽后施药，对鸭舌草、眼子菜、节节菜等及莎草科杂草（牛毛草、异型莎草、水莎草等）效果良好。

水稻秧田和直播田，播种后至杂草二叶期以内均可施药，防除1年生阔叶杂草和莎草，每亩用10%苄嘧磺隆可湿性粉剂20~30g加水30kg喷雾或混细潮土20kg撒施，施药时保持水层3~5cm，持续3~4d；水稻移栽田，移栽前后3周均可使用，但以插秧后5~7d施药为佳，每亩用10%苄嘧磺隆可湿性粉剂20~30g，防除多年生杂草并兼除稗草，药量可提高到30~50g，保水层5cm施药，可加水喷雾，亦可混细土撒施，保持水层3~4d，自然落干。

芽后除草剂有二氯喹啉酸、西草净、扑草净、灭草松、二甲四氯钠、氰氟草酯、禾草丹、嘧啶肟草醚、五氟磺草胺、精恶唑禾草灵等。

第四章　农药经营管理

农药的生产、经营和使用直接关系着农业生产安全、农产品质量安全、生态环境安全和人类身体健康，作为一类特殊的商品，世界各国普遍实行依法严格管理。我国于 2017 年修订发布的《农药管理条例》，明确了国家实行农药经营许可制度，限制使用农药（指的是高毒、高风险、使用技术要求高的农药）经营许可由省级农业部门核发；其他农药经营许可由县级以上地方农业部门核发。本章将介绍我国在农药经营管理方面的要求。

第一节　经营资格管理

一、农药经营单位的开办条件

我国《农药管理条例》第二十四条从人员、场所和设施、管理制度等几方面规定了农药经营单位应具备的主要条件，由申请人提出农药经营许可申请，并通过县级以上地方人民政府农业主管部门审核批准后方可经营农药。

（一）人员要求

农药经营是一项专业技术要求较高的工作，经营人员的法律素养、道德观念、专业水平、服务意识直接关系消费者的切身利益。依照新修订条例规定，农药经营人员应当具备以下条件。

（1）有农学、植保、农药相关专业中专以上学历或者专业教育培训机构 56 学时以上的学习经历。

（2）熟悉农药管理规定。

（3）掌握农药和病虫害防治专业知识。

(4) 能够指导安全合理使用农药的经营人员。

经营限制使用农药的人员，还应当有熟悉限制使用农药相关专业知识和病虫害防治的专业技术，并有两年以上从事农学、植保、农药相关工作的经历。

(二) 经营场所和设施要求

农药经营单位场所和设备设施条件必须符合以下要求。

(1) 应有不少于 $30m^2$ 的独立固定的经营场所。农药经营门店应与其他商品、生活区域、饮用水源有效隔离，不得混合经营日用百货、粮食、副食品、蔬菜、水果、饲料等商品，兼营其他农业投入品的，如化肥、种子、农机等其他农业投入品或农业生产资料的，农药经营区域应当相对独立，分类存放。

(2) 应有不少于 $50m^2$ 的仓储场所，并符合以下要求。

①库房要求与居民区、水源分开，并应设在不易积水或不易水淹的高地上，四周应有围墙并留有消防通道。不允许用窑洞、地下室、燃料库作为农药库房。

②农药仓库要结构牢固、门窗严实，通风良好、地板坚实。房屋应具备结构完整、干燥、明亮、通风等良好条件；地面应平整、不渗漏，地面、天花板要采用耐化学腐蚀材料，易清洗。

③库房内不得设立生活用房。

④设有暖气的库房，当需要升温满足贮存条件时，宜采用间接热空气送入的方法。

⑤库房应设置警告牌。

(3) 农药门面和仓库要求具有通风散热设备和装卸工具，有安全的电气照明设施，库房顶部装有避雷针。必须提供足够的照明以便能够清楚阅读产品标签并进行存货检查。电灯应该装在通道或经常有人来往的区域上方，电灯安装位置应高于存货 1m 以上，避免在装卸货物时造成损坏。店内必须通风良好，在炎热的季节要增加排气扇或电风扇辅助通风。

(4) 农药产品展示架（柜）要选用钢架、石材、玻璃等惰性材质，不可用易燃的有机合成树脂材料或木质材料，农药展示区和仓储区要能随时上锁，建立严格的农药出入库和销售登记制度，避免儿童、无关人员等接触和农药意外流失。在门口、柜台等面对顾客的地方设置“禁止进食”“禁止吸烟”“接触农药要洗手”等警告标志。

(5) 农药经营还需配备消防器材（灭火器、水桶、沙袋等）、安全防护措施（橡皮手套、围裙、橡皮靴子、眼镜眼罩、防毒防尘呼吸器等）、急救药箱（解毒药、高锰酸钾、脱脂棉、碘酒、过氧化氢、绷带）等。

(6) 农药经营门店和仓库应有方便取用的水源，便于工作人员、销售人员、顾客接触农药后及时清洗。

(7) 农药经营必备设备包括可追溯电子信息扫描识别设备和用于记载农药购进、储存、销售等电子台账的计算机管理系统。

经营限制使用农药的，还应有明显的销售专柜、仓储场所及其配套的安全保障设施、设备，并符合省级农业部门制定的限制使用农药定点经营布局。

(三) 规章制度及岗位操作规程要求

农药经营单位应当建立完善的经营管理规章制度及岗位操作规程，以保障农药经营活动安全、有序进行。

为提高农药经营门店相关经营监督管理制度的透明度，各项规章制度、岗位操作规程、承诺书、监督举报电话等应上墙粘贴，提高农药消费者的知情权，以便接受社会各界的监督。农药经营主要规章制度及岗位操作规程有以下几项。

1. 进货检查验收制度

进货检查验收制度，可以督促产品的销售者、供货者（包括生产商）认真履行产品质量检查验收手续，确保所销售产品的质量，严把质量关，杜绝假冒伪劣产品流入市场。进货检查验收制度的实施，可以使供需双方及时分清产品质量责任，防止双方在产品交付后发生争议时互相推诿，损害消费者的合法权益。查验制度应当规定查验人员、查验内容、查验记录、记录的保管等事项，并要求每次进货时都要根据法律、法规和合同的规定进行检查验收。具体查验内容主要有以下几项。

（1）审验供货商的经营资格。

（2）查验并复印所经营农药产品的有关许可证件等。如农药登记证复印件，农药生产许可证复印件，农药产品标准复印件。

（3）按照《农药标签和说明书管理办法》的规定，验明农药产品标签、说明书的有关内容。

（4）按照产品生产批次向供货商索要产品质量合格证明或者检验报告。对疑似有农药产品质量问题的，必要时可以向农药检定机构查询或委托检验。

2. 农药销售处方制度

农药经营者在推销农药时，应当向购买人询问病虫害发生情况，必要时还应当实地查看病虫害发生情况，并科学推荐农药，履行告知义务制度。湖北省于 2016 年率先在全省范围内推广农药销售处方制，它是确保农药溯源管理的重要手段，也是推进科学安全用药，实现到 2020 年农药使用量零增长目标的有效措施。主要内容包括以下 3 点。

（1）农作物病虫害发生症状及防治对象。

（2）推荐农药产品名称、使用范围和使用方法和剂量。

（3）使用技术要求和注意事项。

农药销售处方一式两份，双方签字确认，要求保存两年以上。

3. 经营人员管理制度

（1）规定农药经营人员要求。如农药经营人员上岗条件、岗位职责、礼貌用语、佩戴标识等。

（2）规定学习制度。植物保护和农药技术发展很快，农业病虫草等有害生物的发生和流行情况每年都有变化，农药经营人员应时刻保持学习状态，不断丰富专业知识，提高自己业务水平。

（3）规定人员考核。制定评定标准，定期或不定期从专业知识、法律知识、服务水平、销售业绩等方面对经营人员进行综合评定。考核不合格的应当离岗，接受必要的业务培训，考核合格后再上岗。经营人员培训及考核情况应当记入销售人员档案。

4. 经营台账管理制度

建立农药经营台账、销售凭证等管理制度，清楚了解所经营的农药产品的来源、流向、使用反馈等情况，以便发生药效不好、药害等矛盾或纠纷事件后，能够有据可查。经营台账管理制度主要明确以下管理内容。

(1) 进货台账的内容和相关凭证的要求。

(2) 销售台账的内容和销售凭证的发放要求。

(3) 客户（包括使用者和供货商等）对产品的反馈意见记录要求。

(4) 农药经营台账保管要求。

农药经营台账应当真实、完整，如实记录经营过程，一般应当至少保存两年以上。

5. 农药安全管理制度

要坚持“安全第一，预防为主”的指导方针，针对农药经营涉及的所有环节，制定安全管理规定，并确保落实到位。

(1) 细化岗位操作规程。严格按照我国《农药管理条例》以及产品标签或说明书的规定销售农药。经营场所农药摆放要规范，现场要时刻留有营业人员，销售时禁止产品混淆、卖错、拿错，销售的农药要有详细台账。取货等直接接触农药人员，应穿戴防护器具；发生农药泄漏、散落要及时妥善处理。接触农药后要用流动清水将接触部位皮肤洗干净，发现不安全问题，要立即向有关部门报告。对购药者当面耐心讲明使用农药防毒规程，指导其正确配药、施药，按照规定的用药量，用药次数，用药方法合理使用农药，防止农药中毒事故发生。假农药、劣质农药需进行销毁处理的，严格遵守环境保护法律、法规的有关规定，按照农药废弃物的安全处理规程进行，防止农药污染环境。

(2) 明确应急事故处理程序。发生农药中毒或火灾等安全事故，经营人员要迅速撤离到安全区，立即拨打 119 或 120 急救电话，并组织营救受伤人员，迅速撤离或者采取其他措施保护为害区域内的其他人员。及时向农业、公安、卫生、消防、安监等有关部门报告中毒或火灾等情况，以便迅速控制危险源，及时对农药造成的为害进行检查、监测，测定事故的为害区域、性质和程度，对事故造成的人体、动植物、土壤、水源、空气等现实为害及可能产生的为害，应迅速采取封闭、隔离、抢救等措施。

6. 诚信经营制度

为了维护消费者合法权益，营造安全放心的消费环境，农药经销商在销售农药时，向消费者做出郑重承诺不仅是有必要的，而且也是提高农药销量的手段之一。这种承诺应是经营行为的具体体现，不能流于形式，变为一纸空话。常见的经营承诺有以下几项。

（1）诚信经营、保证产品质量、保证售后服务、出现过错包赔。

（2）本店经营的农药产品均有合格证、质量检验报告、购货凭证和供货单位营业执照复印件。所有农药产品已在农业执法部门备案。

（3）本店所有农药产品全部实行明码标价制度，实行一货一签，货签相符。

（4）本店所售出的每瓶（包）农药，都附带本店质量信誉卡。

（5）凡出现所销售的农药产品经执法部门检查不合格或有国家禁用限用成分的农药现象，本店将无条件全部收回所有售出的农药产品。

（6）凡本店所售农药产品，如有质量方面的问题，消费者可以凭质量信誉卡、购货凭证、合同等，向本店提出要求，本店在24h之内全部解决。

二、特殊要求

农药中有部分属于危险化学品，经营单位经营这类农药时，需按照危险化学品管理的有关法律法规取得危险化学品经营许可证。

第二节　选址及前期准备

农药的特殊性，决定了农药经营是一项对专业技术要求较高的商品经营行为。农药经营场所位置的选择、经营设备设施的配置以及经营制度的建立是影响农药经营活动的主要因素。根据农药的商品特点以及相关法律法规要求，开展农药经营活动应当做好以下前期准备。

（一）农药经营场所位置选择

农药作为一类特殊的商品应用于农业生产，主要销售对象是农民。农药经营门店的选址应遵循以下原则。

（1）本着方便购买的原则，选择在农作物集中种植区内或农村集贸市场等附近。由于各个乡镇的农业发展水平、交通条件、商业氛围等方面还有比较明显的差别，在吸引农民购买的能力上强弱不同。农药经营门店应该尽量选址在人气比较旺盛的乡镇，镇上活跃的商业交易、便利的交通等会给农药销售提供更多的机会。

（2）综合分析周边农药经营情况。农药经营门店应设在乡镇交通比较方便、有一定农资经营规模的街道上，并综合考虑周边农药经营店的数量、销售状况、经营时间、年销售额、客户数量、周边农作物种植结构等因素。大多数的农资零售店都会集中在一条街道上，单门独户成不了“市”，自然难以成为农民购买农资的首选。开店前先要进行市场考察，分析这个乡镇可以覆盖的村庄有多大的市场容量、目前镇上的零售店做了多大的市场，估算剩余市场份额是否值得开店。同时，要注意在经营方式、品种、品牌等方面与相邻经营店有所区别，避免引起恶性竞争，导致两败俱伤。

（3）保障经营场所周边的安全。部分农药具有易燃、易爆、易挥发等特点，在设店选址时，应当远离住宅区、医院、商业购物区、食品制造和人口稠密的地方；远离经常出现明火的区域，以避免造成人、畜中毒或者发生火灾、爆炸等为害公共安全的事故。很多农药对鱼类水生物、家蚕、蜜蜂等存在安全风险，选址时还应注意远离河流、湖泊、养蚕室、养蜂区、水产养殖区，以免造成环境污染和生态失调，给养殖业造成意外损失。

（二）申请营业执照和相关经营许可证件

申请农药的经营者，应当先办理营业执照，具备我国《农药管理条例》第二十四条所规定的经营条件，向所在地县级以上农业主管部门申请农药经营许可证。如果经营的农药包含农业农村部公告的限制使用的农药品种，应按限制使用农药经营条件向所在地省级农业主管部门申请农药经营许可证。

如果经营的农药属于危险化学品，应当同时向安全生产监督管理部门申请办理危险化学品经营许可证。涉及危险化学品农药运输的，还要向交通管理部门申请办理危险品运输专用标识。

第三节　农药进货

农药进货环节是影响农药销量和效益的关键因素。农药经营者在选择农药品种时，应把握以下几方面。

（一）熟悉当地农业生产和农药使用的实际情况

为使购进农药的防治作物和防治对象与当地经常发生的病虫草鼠害相适应，农药经营者应当熟悉当地农作物种类、病虫草鼠害发生时期、发生特点，掌握当地使用的主要农药品种、用药量、防治效果，以及病虫草鼠害对农药的抗性发展情况。

（二）选择合适的农药品种

农药经营者在购进农药时，应当根据本地农作物病虫草鼠害发生情况等选择合适的农药。

（三）选择合适的农药生产企业和产品

确定拟购进的农药品种后，可登录中国农药信息网，根据农药品种查询农药生产企业，并根据拟购进产品的农药登记证号查询农药标签相关信息，确保拟选择的产品既符合经营需求，又符合相关法律法规要求。

（四）与供货方建立和谐关系

目前农药产品供大于求，上游供货方把下游农药经营者当成上帝对待，千方百计争取农药经营者，而下游农药经营者习以为常，真正把自己当成上帝，这是不对的。没有上游供货方的支持，农药经营者在市场上就失去了竞争力。供货方手中的好产品首先交给好的经营者来分销，供货方会对好的农药经营者提供更多更好的送货、技术、市场保护的服务。所以农药经营者应该与供货方和谐相处。

（五）签订进货合同

对选定拟购买的产品，与生产企业或上游经营者签订产品订购合同。订购合同应当至少包含以下内容。

（1）农药名称、有效成分含量和剂型。

（2）农药的生产企业及联系方式。

（3）农药的数量、包装规格、价格。

（4）到货时间、验收方式、付款方式。

（5）产品的质量责任或违规情况的处理。

（6）农药使用纠纷的处理。

（六）严把进货关

1. 禁止购进下列农药

（1）国家明令禁止使用的农药（如六六六、甲胺磷等）或在本地不得使用的农药。

（2）无农药登记证或生产许可证的农药。

（3）超过质量保证期的农药（即过期农药）。

（4）生产企业标识不明确的农药。

（5）产品无标签或标签不合格的农药。

2. 不宜购进下列农药

（1）不能确定生产企业的农药，如上门推销的产品。这部分产品来源有问题，一旦发生质量纠纷，经营者在先期赔偿后，由于难以找到生产企业，无法进行索赔追偿。

（2）产品使用范围与本地农作物不相符的农药。如某种农药登记使用范围为柑橘树，在没有种植柑橘作物的北方地区就不应该购进，否则极易发生对当地农作物防治效果差或药害等事件。

（3）价格明显低于同类产品的农药。不同企业生产的相同农药，价格会有差异。选购农药时不仅要看农药的单价，还应对比有效成分含量、包装重量等。一般情况下，不要购买价格与同类产品存在很大差异的农药。价格明显低于同类产品的，假劣农药的可能性较大。

（4）涉嫌假劣农药。从近几年全国农药监督抽查结果汇总分析来看，如果产品标签上具有以下特征之一，涉嫌是假劣农药的可能性较大。

①同时标注两个或多个生产企业名称或其他单位名称的（外企及委托加工分装农药除外）。

②标注农药商品名称。

③广告宣传语多，含有“保证高产、无毒、无害、无残留”等绝对性语言。

④不同生产企业的产品包装相同或相似的。

⑤伪造农药登记证的。

⑥无标签（裸瓶）或仅有简易打印的标签产品。

3. 查验产品

（1）核查标签。

①标签字迹是否清晰。

②标签上主要内容是否齐全。有无农药名称、有效成分含量、剂型、生产企业及其联系方式，农药三证号是否齐全，生产日期是否清晰等。缺失以上任何一项内容的农药，涉嫌假劣农药

的可能性较大。

③农药名称、有效成分含量位置是否醒目。

（2）对产品质量核查。

可以核查产品质量合格证，要求生产者出具产品质量检测报告，必要时委托法定检测机构检验。经营者应当通过产品外观等对产品质量进行简易试验检验。

①外观判断。可湿性粉剂应该是粗细均匀、颜色一致的疏松粉末。有结块成团的为假劣产品。颗粒剂应该是大小、颜色均匀的颗粒。颗粒大小相差很大、包装袋中有很多粉末的为假劣产品。乳油、水剂应该是均匀一致，没有分层、油珠、沉淀的透明液体。出现浑浊、分层、沉淀等现象的为假劣产品。悬浮剂、悬乳剂应该是均匀、可流动的液态混合物，长期存放可能出现分层，但经摇晃后可恢复原状。出现明显分层，经摇动后不恢复原状或者仍有结块的为假劣产品。熏蒸用的片剂如果呈粉末状，表明已失效。

②简易试验。兑水使用的农药可以通过简易试验，判断是否为假劣农药。可湿性粉剂或悬浮剂。取一小匙农药倒入一杯清水中，合格产品很快分散，搅拌成悬浮液后稳定时间长。假劣产品不会很快在水中分散，或者会出现悬浮分层或大量沉淀。乳油。取一小匙农药倒入一杯清水中，合格产品应迅速扩散，稍加搅拌即成白色乳浊液，无油珠。假劣产品可能不会迅速扩散，搅拌后不能形成牛奶状乳液，或者静止后出现明显的油珠、沉淀物。水剂。取一小匙农药倒入一杯清水中，合格产品应迅速扩散，仍然是透明清亮的液体，假劣产品可能会使清水变浑浊，或出现絮状物、沉淀或分层。

通过简易试验，发现购买的农药产品有假劣嫌疑的，可以送农药质量检测单位检验或投诉维权。

（七）保留有关凭证

大部分经营者不具备对产品质量进行全面检测的能力，农药使用后可能会面临药效不高、产生药害等问题。经营者应当具有较高的责任意识和自我保护意识，可以“先小人，后君子”，实现签订有关合同或索取有关凭证，为划清责任、处理纠纷提供证据。主要包括以下几方面。

（1）进货合同。

（2）运货凭证。

（3）付款凭证或发票、收据。

（4）产品质量合格证等。

第四节 柜台农药摆放

农药经营店内的产品区域，应精心设计和管理，通常要用柜台把顾客与陈列区隔开，或把产品放在玻璃柜子里，按农药类别分区摆放、突出主推农药产品。

（一）柜台摆放农药的原则

农药摆放要遵循以下原则。

（1）液体农药放置在货架下部，固体和粉尘农药放置在货架上部，以免液体农药溢出污染下面的产品。

（2）农药码放高度一般不要超过 2m，防止倒塌和压坏底部产品。

（3）除草剂不应码放在杀虫剂上面，以免溢出而污染，导致药害发生。诱饵杀鼠剂要隔离存放，因为它们很容易受到气味浓烈的化学品影响。

（4）限制使用农药，应设专区或专柜，单独隔离存放在不容易接触到的地方，并设置醒目标志、上锁。

（5）要在柜台农药展示区容易看到的地方贴（标）警示标语牌，警示牌必须是白底深红色字：“农药有毒”“禁止吸烟、吃东西、喝饮料”“不得将农药卖给 18 岁以下的未成年人”等。

（二）柜台摆放农药的排序

柜台摆放农药应遵循“方便查看、方便取放”的原则，可按下列方式之一进行排列摆放。

（1）按农药类别与毒性设置杀虫剂、杀菌剂、除草剂及植物生长调节剂、限制使用农药等四类农药展示区，并加以标志。

（2）根据农药适用的农作物和防治对象，分区进行展示。

（3）按农药化学分类分区摆放展示，如杀虫剂展示区又可按有机磷类、拟除虫菊酯类、烟碱类、其他类分区展示。

第五章　产品要求及档案管理

第一节　经营产品要求

农药经营单位销售农药时，必须做到质量合格，标签规范。要保证经营产品规范合格，可以采取下面几个步骤进行掌控。

（一）严格实施进货检验核查制度，把好产品质量关

进货环节是农药经营单位控制产品质量的重要关口。经营单位在进货时应从以下几个方面对农药产品质量进行考察、验证。

1. 仔细查验产品

经营单位购进农药时，要对农药包装进行严格的检查，包括：查看农药包装是否完整无破损，查验产品质量合格证和标识是否合格、查看标签字迹是否清晰、是否符合有关规定（例如不得标注商品名等）。同时，将农药产品与产品标签或者说明书、产品质量合格证核对无误。

农药因生产质量不高，或因贮存保管不当，如外观上发生以下变化，说明农药质量有问题，就可能造成农药减效、变质或失效。

（1）粉剂类农药。主要看是否结块、受潮，已结块的农药说明保管不善或存放时间长了，一般是减效或失效了。受潮的农药加快了分解，很容易失效。如果是可湿性粉剂，要看它的悬浮率怎么样，如果兑水后出现大量的沉淀物，说明此药的悬浮率不合格，就会影响防治病虫的效果。粉剂、可湿性粉剂农药如有比较多的颗粒，一般细度达不到要求，属于加工质量不合格；如有色泽不均匀，也可能有质量问题。

（2）乳油类农药。要看瓶内是否有分层现象，如有分层，且底部有沉淀物，说明药剂可能是减效或失效。用力振荡使其分散

均匀后，放置 1h，若无上下分层出现，说明药剂可能有失效现象，但有的还可以使用。若分层严重，说明该药已经失效了，不能再使用。有的乳油农药虽然含量合格但乳化性能不好，也会影响药效。检查乳化性能的方法是：取少量的药剂倒入已准备好的干净水里，如果立即扩散、呈乳白色，说明药剂乳化性能合格；如果不呈乳白色、不扩散、有油滴，表明此药乳化性不好，防治病虫效果就会下降。

（3）胶悬剂类农药。经摇动后仍有结块现象，说明质量存在问题。

（4）熏蒸用的片剂类农药。如果呈粉末状，说明已失效，不能再使用。

（5）颗粒剂类农药。如药粉脱落很多，或药剂崩解很重，包装袋中积粉很多，说明质量出现问题。

2. 核查农药登记、许可等证件号码

对购进产品的农药登记证、农药生产许可证、产品质量标准号等材料证明是否真实。禁止购进、销售无农药登记证、无农药生产许可证、无产品质量标准和产品质量合格证和检验不合格的农药产品。

3. 网上核对产品真伪

我国《农药标签和说明书管理办法》规定，农药标签应当注明农药名称、有效成分含量、剂型、农药登记证号、农药生产许可证号、产品标准号、企业名称及联系方式、生产日期、产品批号、有效期、净含量、产品性能、用途、使用技术、毒性及标识、注意事项、中毒急救措施、贮存和运输方法、可追溯电子信息码、农药类别及其颜色标志带、象形图（图 5-1）及农业农村部要求标注的其他内容。

（1）登录“中国农药信息网”，在“数据中心”栏目中“登记信息”子栏目中按照农药产品的“农药登记证号、生产厂家、省份、农药类别”等内容分别输入相关的信息，点击“查询”按钮，可核查该农药产品登记的相关信息。如果在“查询”按钮前

（a）贮存象形图，表示农药应该放在远离儿童的地方，并加锁

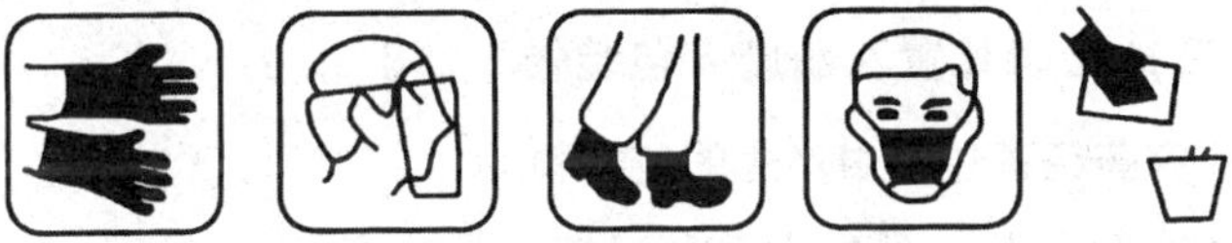

（b）配制药液时应遵守的操作规程

（c）喷洒农药时应遵守的操作规程

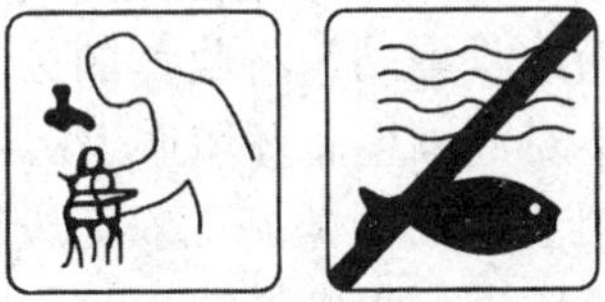

（d）施药后的操作规程及警告标示

图 5–1　农药标签上的象形

“包括已过有效期产品”打上“√”，则可查询农药登记证已过期的相关产品。

（2）核实产品标签中产品毒性、注意事项、技术要求等与农药产品安全性及有效性相关的标注内容是否与登记核准标签相符，具体操作步骤为：登录“中国农药信息网”，在“标签数据查询”栏目中输入标签上的农药登记证号，点击“查询”按钮，可核查农药登记核准标签内容。

（二）及时送检产品

进货时，如果对产品质量产生怀疑，应当向供货商索要国家认证的法定质检机构出具的质量检验报告，要求生产企业提供产品标准，并判定是否与其标准相符。有条件时也可以与供应商共同封样，送经认证的法定质检机构进行产品质量委托检验。

（三）正确处置农药废弃包装物

1. 农药经营过程中产生的废弃物

（1）假农药、劣质农药及过期失效的农药。

（2）农药废旧包装物，包括盛农药的瓶、桶、罐、袋，其他含农药的废弃物。

（3）被禁止生产和使用但仍有库存的农药。

2. 农药废弃物处置要求

（1）广泛宣传。要向农户等农药使用者深入介绍农药包装物的为害，告诫其不可随意乱丢乱扔，更不可用来装食品和饮用水。

（2）及时收集。设立集中收集点或者兑换点，收集点可采用大型容器，建垃圾箱或收集站，将收集的废弃包装物分门别类拣出。收集点放置应不对周围生态环境产生污染。

（3）科学安全处置。将收集到的农药废弃物交由具有危险废物经营资质的单位集中进行集中科学、安全处置。

图 5-2 是联合国粮食及农业组织建议的一种废弃农药焚烧坑的构造剖面图。深埋地点必须要远离地表水和地下水，挑选深埋地点时，一定要考虑土壤类型和自然排水系统，埋的深度要超过 1m，另外，挖坑地点要避开地面排水沟。坑的位置以及深埋的农药包装容器名称都必须记录在案。

3. 农药废弃物处置应当坚持的原则

（1）不得他用。除包装较大的容器，由生产企业统一回收、清理后专用外，其他农药废弃物不能回收再用。

图 5-2　农药废弃包装容器的掩埋方法

（2）及时处置。《中华人民共和国固体废物污染环境防治法》第五十八条规定，贮存危险废物必须采取符合国家环境保护标准的防护措施，并不得超过一年，禁止将危险废物混入非危险废物中贮存。农药经营单位应及时收集农药废弃物，并立即处理，避免大量废料堆积。

（3）科学安全处置。《中华人民共和国固体废物污染环境防治法》第五十五条规定，产生危险废物的单位，必须按照国家有关规定处置危险废物，不得擅自倾倒、堆放。经营单位没有相应的专业知识能力时，应当委托专业机构处置。

第二节　经营档案要求

农药经营企业应当建立完整的经营档案，经营档案一般包括进货档案、销售档案等内容。

（一）进货档案

经营企业在进货时，应当做好各项记录，并保存档案，进货档案应当包括以下内容。

（1）买卖合同。这是农药经营进货档案的重要组成部分。进货前，经销商应当与供货商签订买卖合同，买卖合同应当对产品质量、价格、供货数量、供货时间、结账方式、双方义务、纠纷解决方式等进行详细规定，买卖合同必须加盖双方有效印章或由双方法定代表人签字，确保合同的有效性。

（2）进货台账。即进货的流水账，主要项目有：购进日期、农药名称、生产企业（联系方式）、农药登记证号、保质期、供货单位、规格、进货数量、备注等内容。通过查看进货台账，可以清晰明了地了解经营企业进货情况。

（3）其他。供货商出具的交货凭证、付款凭证、运输凭证；供货商提供的产品合法性证件复印件，如：农药登记证、产品质量检验报告、产品质量合格证等，必要时，要求企业提供其产品标准存档，以备查验。

（二）销售档案

经营活动必须建立并详细记录经营台账，认真开具销售凭证，保证每一笔交易出入库流向明晰，以备发生突发事件或安全事故时，追溯责任。销售档案应包括销售台账、销售凭证存根、售后反馈信息等。

（1）销售台账。即销售的流水账，主要项目有购买日期、购买农药名称、购货数量、用途、备注等内容。对限制使用农药，要同时记录购药人身份证号、姓名（单位）、购药人（单位）详细地址（联系方式）等，详细了解销售农药的去向，实现销售可溯源管理。

（2）销售凭证存根。经营企业售出农药时，应当为消费者提供销售凭证，销售凭证应当包含所购农药种类、数量、销售企业电话、销售企业有效印章等，并保留存根以备查。同时，经营企业还可以向消费者提供本企业信誉卡、信息反馈卡等服务性内容，并及时收集售后的反馈信息，用于指导今后经营，建立良好的信誉。

（三）档案管理

农药经营企业应当认真做好其经营档案的管理工作。在销售季节结束或年终，经营企业应当将全年的经营档案归类、编号、对不完整的档案，应及时补充完整。档案归档后，卷内文件排列应条理系统，按时间顺序依次排列，具有密切联系的文件应按一定的次序排列在一起。档案应当单独存放，排列整齐，便于查找。

建立经营档案，无论是对经营企业还是管理部门，都有诸多益处。对于经营企业来讲，通过建立经营档案可以记录多年来自身经营的农药品种、销售数量、销售利润等，通过对这些数据的总结分析，可以有针对性地指导销售企业确定进货品种、进货数量，使企业利润最大化。同时，由于具备完整的经营档案，当与供货商发生纠纷时，可以根据经营档案的记录，妥善解决纠纷。对于管理部门来说，建立农药经营档案，可以详细了解当地农药品种、数量及价格变化，为各级政府机关决策提供依据，可以有针对性地做好农药安全使用工作，确保农产品质量安全，一旦出现农药质量问题、农药药害事件、农产品质量安全事故可追根查源。因此，建立农药经营档案，是一项十分有益且必要的工作。

第六章　农药营销策略

第一节　农药市场预测

一、农药市场预测

（一）农药市场预测的内容

制约农药市场发展变化的因素是多方面的，因此农药市场的预测，不仅仅是销售预测，它所包括的内容涉及与农药市场的生产和销售有关的许多因素，根据其相关因素，农药市场预测的内容主要有：一是农业的发展趋势，这是农药市场预测的基础。农业的发展趋势既制约着企业的产品开发方向和规模，也制约着社会对农药的需求数量。二是农药原材料的供应情况。农药产品的生产过程需要有充足的原料供应，原料的不足或原材料价格的变动都会对企业的经营造成重大的影响。三是农药开发和加工生产技术的发展。农药市场的需求在很大程度上受技术发展的制约。例如，高效、低毒、使用方便的麦田除草剂苯磺隆的出现对以前已大面积推广使用的2,4-滴丁酯的市场就造成了无法逆转的冲击。四是价格预测。包括农药产品价格变动趋势、比价以及农民对价格的接受程度等。特别是农副产品价格常会左右农民对农业投资的积极性，继而影响农药产品的价格。五是产品寿命周期预测。农药产品的使用寿命受多种因素影响，包括社会对产品的环保性能会随社会的发展而提出更高的要求、农民用药习惯、有害生物的抗药性等。六是市场销售量预测。上述预测的内容，并非每次市场预测都要无一遗漏的进行分析，是要根据市场预测的目的加以选择。

（二）农药市场预测过程

农药市场预测的内容不同则其预测过程也不尽相同，一般可大致分为以下几个步骤。

(1) 确定预测目标。由于预测的目标、对象、期限不同，预测所采用的分析方法和资料收集的要求也就不同。因此，市场预测首先要明确规定预测的目标，即预测要达到什么要求，解决什么问题，预测的对象是什么以及预测的范围、时间等。

(2) 拟定预测计划。预测计划包括预测目标的具体化。包括具体地规定预测的程度要求、工作日程、参加人员及分工等。

(3) 资料数据收集与分析。预测要广泛收集影响预测对象未来发展过程中可控与不可控的一切资料，包括内部与外部环境的历史与现状的资料。这些资料来源主要有以下几个途径：一是国家相关部门的统计资料；二是本系统、公司、企业的统计资料与情报；三是国内外各种有关的技术经济研究资料；四是情报部门整理的参考资料；五是本企业的历史统计资料等。对资料要加以整理、分析，剔除由于偶然因素造成的不正常的情况。

(4) 选择预测方法，建立预测模型。预测方法的选择要服从于预测目的、占有资料的数量、可靠程度、精度要求以及预测费用的预算。一般应同时用两种以上的方法来比较和鉴别预测结果的可信度。

(5) 估计预测误差。预测误差是不可避免的。为了避免预测误差过大，要对预测值的可信度进行估计，即分析各种因素的变化对预测可能发生的影响，并对预测值进行必要的修订。

(6) 提出预测报告和策略性建议，追踪检查预测结果。农药市场预测的过程可以用图表示。在农药市场预测过程中，如果发现预测与实际不符，要立即进行修改调整，并要分析产生偏差的原因，修正预测模型，提高以后的预测精度。

二、农药市场产品预测的主要依据和有关因素

农药市场产品预测是运用一定的科学分析方法和技术手段，对未来一定时期内农药需求的产品数量及其变化趋势，做出的估计和推测。目前我国对农药市场产品需求预测的主要依据以下几点。

（1）根据农作物的种植结构，以作物为序列的农药需求预测。主要依据农作物的种植面积，参考常年病虫草鼠害发生及防治面积，结合病虫等预报，推测下一年度主要农作物主要防治对象需要用药防治的面积，按照防治的面积和防治对象所需要的农药产品及单位面积的用药量，计算出其所需农药产品的数量。然后，再参考常年农药销售使用数量以及新农药试验、示范、推广情况，进行必要的调整修正，预测提出翌年以作物为序列的防治主要病虫草鼠害所需要的农药产品和数量。

（2）根据主要农作物病虫草害的发生趋势及防治动态，以农药为序的需求预测。它是在以作物为序列的农药需求预测的基础上，按照杀虫剂、杀螨剂、杀菌剂、除草剂、植物生长调节剂、杀鼠剂分类汇总，预测提出下一年度农药产品的需求动态。近年来，农业农村部农业技术推广服务中心与各省、自治区、直辖市植保站积极配合每年进行以农药为序列的年度需求预测，为有关部门宏观指导农药生产、销售和使用提供了参考依据，对于维护农药市场总量的平衡起到了积极的作用。

（3）根据农药生产、销售、使用现状和发展动态情况预测。

（4）根据国家对农药生产、管理和监督等方面实施的政策及法规变化预测。

在实际预测过程中，应当综合考虑上述因素，比如政策的调整可能影响农作物种植面积的增减；农药价格的变化可能影响农民投入的积极性；随着现代化农业的发展和人民生活水平的提高，对高效、低毒、低残留、低成本农药的需求增加，而对高毒农药产品需求下降等。

以上信息均可以从有关部门的统计资料中或通过调查获得。这对于科学有效地开展农药需求预测具有重要的作用。

第二节　产品推销要求

农药产品推销包括利用农药广告和门店销售推销等。

（一）农药广告内容的规定

农药经营中的宣传介绍包括农药广告发布和农药的使用介绍。农药广告是指农药生产者、经营者或者提供服务者承担费用，通过一定的媒介和形式直接或间接地宣传推广自己所生产推销的产品或所提供服务的商业广告。一般包括影视类、声音类、文字类、图像类等几种广告发布形式。根据《中华人民共和国广告法》《农药广告审查办法》等有关法律法规规定，利用广播、电影、电视、报纸、期刊以及其他大众媒介发布农药的广告，用于产品技术交流、农药经营零售门店张贴或者发放给农民等诸如海报和宣传单页等其他形式的广告，在发布之前都必须由有关农业行政主管部门对广告内容进行审查；未经审查的不得发布。农药广告审查批准文号采用 1cm×6cm 图章形式，分文字部分和数字部分，即“×农药广审（×）……0000”，其中文字部分的第一个字代表审查机构的所属地域，如果是国家级广告审查机构就以“国”字表示，各省、自治区、直辖市的广告审查机构则分别采用各省、自治区、直辖市的简称表示，括号内的字则要根据广告所采用的广告媒介形式分别填入“视”表示视频、填入“声”表示广播、填入“文”表示以其他广告媒介形式发布的广告，其中数字部分共 8 位，前四位代表审查年份，后四位为广告审查机构的批准序号。

农药广告内容有下列几方面规定。

（1）农药广告内容应当与农药登记的内容相符，不得任意扩大范围。

（2）农药广告中不得含有不科学表示功效的断言或者保证，

如“无害”“无毒”“无残留”“保证高产”等。农药广告不得贬低同类产品，不得与其他农药进行功效和安全性对比。

(3) 农药广告中不得含有有效率及获奖的内容。

(4) 农药广告中不得含有农药科研、植保单位、学术机构或者专家、用户的名义、形象作证明内容。

(5) 农药广告中不得使用直接或者暗示的方法，以及模棱两可、言过其实的用语，使人在产品安全性、适用性或者政府批准等方面产生错觉。

(6) 农药广告中不得滥用未经国家认可的研究成果或者不科学的词语、术语。

(7) 农药广告中不得含有“无效退款、保险公司保险”等承诺。

(8) 农药广告中不得出现违反农药安全使用规定的用语、画面。如在防护不符合要求情况下的操作，农药靠近食品、饲料、儿童等。

(二) 门店推荐销售要求

农药经营单位在销售农药时，至少要向农药购买者或者使用者说明以下几点。

1. 正确说明产品的用途

(1) 对症推荐。据调查，目前我国80%的农药使用者只有小学和初中文化，约70%的使用者是跟随别人使用或依靠经销商推荐用药，对症用药意识不强。而农药的适用作物和防治对象是有限的，没有哪一种农药“包治百病、包灭百虫”。因此，农药经销商在销售中，应严格按照农药产品登记的使用范围和防治对象进行推销，根据使用者反映的病虫害症状识别，结合植保机构的病虫预测预报，将合适的农药产品推荐给农药购买者和使用者；对使用者描述的病虫症状不典型的，可以通过田间实地查看，向农技人员请教等多种方式，为使用者提供最佳用药方案。

(2) 不得超出农药登记范围推荐。农药的使用效果和安全性，不仅与农药的有效成分种类、含量和剂型有关，还与产品的助剂组成、加工技术等相关。不同企业生产的相同农药产品，其市场定位不同，所登记的施用范围也不同。因此，经营人员不能因为农药产品通用名称相同而随意推荐使用于农作物，这样容易引发药害事故。经营人员不得进行超出农药登记使用范围的推荐，否则，对农民造成损失则应承担法律责任。

（3）遵守国家禁限用农药管理规定。农药经营单位应严格按照国家禁限用农药管理规定，向使用者说明该产品禁止或限制使用的范围。如不得将高毒、剧毒农药用于蔬菜、瓜果、茶叶、菌类、中草药材和水生植物上。

2. 正确介绍施药方法

（1）介绍农药的使用方法。农药使用方法多种多样，根据防治对象的发生规律、农药性质以及加工剂型特点和环境条件的不同，选择适当的施药方法，不但可以提高药效、降低成本，而且还能减轻对环境的污染，避免杀伤天敌，提高用药安全性。农药经营单位要严格按照标签上所标注的使用方法推介。

（2）讲解农药稀释与配制方法。除少数可以直接使用的农药制剂以外，一般农药在使用前都要经过配制才能施用。农药的配制就是把商品农药配制成可以施用的状态。例如，乳油、可湿性粉剂等本身不能直接施用，必须兑水稀释成所需要浓度的喷施液才能喷施。农药配制一般要经过农药和配料取用量的计算、量取、混合等几个步骤。

①确定用药量。农药的标签或说明书上都规定了单位面积的制剂用药量，不得擅自改变用药量，否则极易导致病虫害防治效果差或药害的发生。可以根据施药面积用公式计算农药制剂用药量：农药制剂用量［mL（g）］=单位面积农药制剂用量［mL（g）/亩］×施药面积（亩）。如果已知农药制剂药稀释倍数，可以通过下式计算农药制剂用量：农药制剂用量［mL（g）］=要配制的药液量或喷雾器容量［mL（g）］/稀释倍数。

②安全准确配制农药。不能用瓶盖倒药，液体状的农药制剂要用有刻度的量具，固体状的农药要用天平称量。由于配制农药

时接触的是农药制剂，有些制剂有效成分含量高，在配制时要特别注意安全，必须做到：配制人员要掌握必要技术，必要时可参加专业培训。孕妇、哺乳期妇女不能参与配药。在开启农药包装、称量配制时，操作人员应穿戴必要的防护器具，如戴手套、戴口罩和穿防护服等；混匀药液时，要用工具搅拌，不得直接用手搅拌；农药包装用完后应用清水冲洗干净后集中处理，清洗农药包装的药液应倒入已混匀的药液里面，避免污染环境。处理粉剂和可湿性粉剂时要小心，以防止粉尘飞扬。要站在上风处配药。药剂随配随用，已配好的应尽可能采取密封措施。配药器械一般要求专用，每次用后要洗净，不得在河塘、河流、小溪、井边冲洗；不能用盛药水的桶直接下河取水。

③正确稀释倍数。配制农药通常用净水来稀释，兑水要根据农药剂型、有效成分含量、施药器械和植株大小而定，具体操作应按照农药标签上的要求或请教农业技术人员，正确地稀释农药，既可以保证计量准确，还可以使某些难溶或用量较少的农药得以充分溶解、均匀分布；在提高防效的同时，避免药害的发生，防止接触农药中毒的危险。

对农药进行二次稀释，是农药配制的科学方法之一。首先认真计算并仔细量取配制母液的用水量，然后选用带有容量刻度的医用盐水瓶，将农药放置于瓶内，注入适量的水配成母液，再用量杯计量使用。使用背负式喷雾器时，可以在药桶内直接进行二次稀释，即先在喷雾器内加少量的水，再加放适量的药液，充分摇匀，然后再补足水混匀使用。用机动喷雾机具进行大面积施药时可用大一些的容器，如桶、缸等进行母液一级稀释。二次稀释时可放在喷雾器药桶内进行配制，混匀使用。

3. 合理说明产品的使用技术要求

产品的使用技术要求主要包括产品施药时期、使用条件、限用地区和敏感作物等内容。

（1）施药时期。应按农药标签正确向使用者介绍该产品的施药时期。如一般的杀虫剂产品应避免在农作物及周围开花植物花期用药；杀菌剂产品应在病害发生前或发生初期用药；防治棉花棉铃虫、桃小食心虫、梨小食心虫的农药，宜在害虫卵孵盛期施药。

（2）使用条件。一般包括时间、天气、温度、湿度、光照、水层、土壤等条件。

①时间。应避开日照高峰时段施药，一般应在 9 时以前或 16 时以后施药。禁止在高温天气施用高毒、剧毒农药。

②天气。避免在刮大风或下雨前施药。风速较高时应停止喷雾使用杀虫剂。

③温度。某些农药产品对使用温度有较高要求，如 2,4-滴异辛酯农药，应当在 15~28℃的晴天使用；有机磷农药在 20℃以上效果好；菊酯类农药在低温条件下效果好。

④光照。某些农药产品见光易分解，例如，辛硫磷见光分解，一般是傍晚用药或者用于防治地下害虫。

⑤水层。某些农药产品对用药时的水层有特殊要求，如杀虫双在田间有水的情况下比无水的情况下药效高。

⑥土壤。某些农药产品对施药田块土壤条件有要求，如有的药剂不得用于土壤 pH 值大于 7 的田块、土壤黏重田块及积水田。

（3）限用地区。某些农药产品有限制使用的地区，在此类地区不能使用此农药，如有的药剂仅限于长江流域以南水旱轮作地区使用。

（4）敏感的农作物品种及对周边农作物的影响。农药经营单位应熟悉常见农药的敏感作物，并告知使用者避免将农药用于敏感作物，使用中更应避免药剂飘移到敏感作物上，以避免造成药害。某些农药对同一作物的不同品种敏感性不同，应当正确介绍。

4. 全面介绍产品使用注意事项

农药经营单位要结合标签上的注意事项、象形图等，详细地向使用者讲解使用注意事项。重点介绍产品安全间隔期、对下茬作物的影响、混用性、使用安全防护措施、对环境生物的影响、废弃物的处理等方面内容。

（1）安全间隔期及每季最多使用次数。应按照农药产品标签标注正确介绍产品的安全间隔期。

（2）对后茬作物生长的影响。应当正常介绍该农药（主要指长残效除草剂）对后茬作物影响以及后茬仅能种植的作物或后茬不能种植的作物、间隔时间等。

（3）药害。正确介绍农药使用当茬对登记适用作物本身及周边作物易产生药害的敏感作物，主要介绍敏感作物品种、生育期或其他有关的外界条件：不能用于哪些作物上；应防止飘移到哪些作物上；其他任意产生药害事故的条件，例如杀虫单不能用于棉花、烟草、十字花科蔬菜、大豆、四季豆、马铃薯等敏感作物；2,4-滴异辛酯使用时应当注意风向，在100m以内种植了阔叶作物或下风向有敏感作物的玉米田不得使用。

（4）混用性。农药合理混用能提高药效，节省防治时间，但是混用不当不仅会使农药降低药效、增加成本，严重时还会产生药害。因此，应向使用者正确介绍该农药不能与哪些农药、化肥及其他有机肥等混用。农药混用应当坚持以下原则。

①混用应保持各有效成分的化学稳定性。混合后发生化学反应致使作物出现药害的农药不能混用。如波尔多液与石硫合剂不能混用，否则混合后很快就发生化学变化，产生黑褐色硫化铜沉淀，这不仅破坏了两种药剂原有的杀菌能力，而且产生的硫化铜会进一步产生铜离子，使植物发生落叶、落果，叶片和果实再现灼伤病斑，或干缩等严重药害现象。一般要求喷过波尔多液的作物隔30d左右才能喷施石硫合剂。同样，石硫合剂与松脂合剂、重金属农药等也不能混用。酸碱性农药不能混用。常用农药一般分为酸性、碱性和中性3类，酸碱性农药不能混用。酸碱性农药混在一起就会分解破坏，降低药效、甚至造成药害。大多数有机磷杀虫剂、部分微生物农药以及代森锌、代森铵等，不能同碱性农药混用，就是农作物撒施石灰和草木灰，也不能喷洒上述农药。具有酯、酰胺等结构的农药不宜与碱性农药混用，以免引起

酯或酰胺水解。一些含硫杀菌剂（如代森锌、福美双等）不宜与杀虫剂敌百虫混用。某些离子型农药，特别是除草剂在混用时也可能发生反应而降低药效。杀菌剂农药不能与微生物农药混用。杀菌剂对微生物有直接杀伤作用，若混用，微生物会被杀死，造成微生物农药失效。

②混用不能破坏农药的药理性能。两种乳油混用，要求仍具有良好的乳化性、分散性、湿润性。两种可湿性粉剂混用，则要求仍具有良好的悬浮率及湿润性、展着性能。这不仅是发挥药效的条件，也可防止因物理性能变化而失效、减效或产生药害。例如，含钙的农药如石硫合剂等，一般不能同乳剂农药混用，也不能加入肥皂。因为乳油、肥皂容易同含钙的药剂发生化学作用，产生钙沉淀；乳剂被破坏，药效降低，还会发生药害。

③确保混用后不产生药害等副作用。例如，有机磷杀虫剂不能与敌稗混用或同时使用，以免产生药害。

④要保证混用后的安全性。农药混用后要确保不增加毒性，对人、畜要绝对安全。

⑤农药的混配药合理。品种间的搭配要合理。如防除大豆田禾本科杂草，单用烯禾啶（拿捕净）、吡氟氯禾灵（盖草能）即可防除。若两者混配，虽然从药剂稳定性上可行，但既不能增效，也未扩大防治范围，没有必要混用。成本要合理。混用一般要比单用成本低些。如较昂贵的新型内吸性杀菌剂与较便宜的保护性菌剂品种混用，较昂贵的菊酯类农药与有机磷杀虫剂混用等。

⑥明确混配药剂的使用范围。所混用农药的适用作物和使用方法应当相同，防治对象相同或同时发生，所混用农药品种要求具有不同的作用方式和兼治不同的防治对象，以达到农药混用后扩大防治范围、增强防效的目的。混用农药前要仔细阅读说明书，必要时混用前先做可混性试验。

（5）说明对有益生物和环境影响。农药经营单位应向使用者正确介绍该农药产品对鱼等水生生物、鸟类、蚕、蜜蜂及蚯蚓、土壤微生物等有益生物和环境容易产生的不利影响。

（6）结合象形图正确介绍使用安全防护措施。按照标签上标注的象形图，正确地向使用者介绍安全防护措施。象形图直观地表现了农药产品贮存、配制、施用等要求。

5. 正确介绍产品中毒急救事项

标签上的中毒急救包括中毒症状及误食、吸入、眼睛溅入、皮肤黏附农药后的急救和治疗措施等内容。某些农药产品还标注了专用解毒剂或成熟的急救和治疗方案，以及中毒急救咨询电话。农药经营单位在销售时应提醒使用者：使用农药一旦出现任何不良反应，应及时携带农药产品标签到医院就诊。

（1）通过症状判断是否农药中毒。标签上的中毒症状具体描述了发生农药品种中毒的主要特征。使用者可以通过出现的症状，来判断是否农药中毒。

（2）农药中毒时的一般急救措施。

①经皮肤接触引起的中毒。应立即脱去被污染的衣裤，迅速用温水冲洗干净，或用肥皂水冲洗（敌百虫除外，因它遇碱后会变为更毒的敌敌畏），或用4%碳酸氢钠溶液冲洗被污染的皮肤。若眼内溅入农药，立即用生理盐水冲洗20次以上，然后滴入2%可的松和0.25%氯霉素眼药水，疼痛加剧者，可滴入1%～2%普鲁卡因溶液。严重者立即送医院治疗。

②吸入引起的中毒。立即将中毒者带离现场，移至空气新鲜的地方，并解开衣领、腰带，保持呼吸畅通，除去假牙，注意保暖，严重者送医院抢救。

③经口摄取引起的中毒。误食者应立即停止服用，并漱口。清醒者立即催吐，如有疑问向当地专业机构求助，携带标签尽快到医院就诊。应及早引吐、洗胃、导泻或对症使用解毒剂。在中毒者昏迷不醒时，不得引吐。

6. 强调产品贮存要求

农药经营单位应当提醒使用者勿过多贮存农药，应随用随买。一般情况下，应当强调以下内容。

（1）农药应贮存在阴凉、通风、干燥的库房中。贮运时，严防潮湿和日晒，远离火源和热源。

（2）不得与食品、饮料、粮食、饲料等物品同贮同运。

（3）置于儿童、无关人员及动物接触不到的地方，并加锁保存。

第三节　农药销售技巧

农药主要应用于农业生产，面对农民进行销售。农药销售技巧可以简单地概括为“产品+技术+宣传+服务”。做好这 4 个方面，就能取得好的效益。

（一）保障经营人员素质

经营人员是决定经营成败的关键因素。好的经营人员应该具备植保知识和用药技术、熟悉购买者心理、懂得农药推销技巧。

1. 具备植保知识，熟悉农药使用技术

作为一名合格的农药经营人员，必须熟悉植物保护基本专业知识，熟悉农药相关基础知识，熟悉农药管理相关法律法规，熟悉市场营销理论，熟悉当地农业生产实际，只有上述各方面的知识掌握到一定程度，才能把销售工作做得得心应手，才能根据消费者的描述以及所提供照片、标本等信息，正确判断病虫草害的种类，制定科学的防治方案，推荐合理的农药品种和使用方法，取得消费者的信赖，留住老客户，发展新客户，同时做到守法经营。

2. 识别客户类型，懂得农药购买者的心理

农药购买者可以粗分为以下 4 类。

（1）目标明确型。对自己作物的病虫害种类、需要的农药种类甚至品牌已经非常明确。这种购买者通常不多见。

（2）目标不明确型。只知道病虫害或大致情况，不知道该用什么农药。通常这一类的购买者占相当大的比例。

（3）模棱两可型。对于病虫害有一定认识，但又不敢确定，或者在不同价格、不同品牌农药之间犹豫，拿不定主意。这一类人也很多。

（4）目标相反型。本来是要到别的店购买便宜的农药，但又担心效果没有保证。

对于农药零售商来说，掌握农民购买农药的心理，了解其真实需求，为其讲解必需的植保知识和农药知识，打消其疑虑，才能确保交易成功。

3. 察言观色，随机应变

对于第一类购买者，采用建设性提问方式了解其使用情况和效果、存在的问题及建议，引导其将使用产品成功经验传给周围其他人，以扩大推广范围。

对于第二类购买者，购买趋向极大程度受店主支配，零售商说一，他们一般不说二。这时在几个效果差不多的产品中，哪个能交易成功取决于哪个产品利润丰厚以及效果、品牌知名度等。

第三类购买者多是道听途说，一知半解，带着半信半疑的心理来买药。对他们要耐心引导，多介绍产品的独特性、优点、效果以及能给购买者带来的效益。

对于第四类购买者，首先要跟他谈感兴趣的事，稍加附和，关心、理解他。之后，再重点转向产品优点、特性、效果及成本等方面的介绍，要采用科学、类比、渐进的方法，否则事倍功半。

（二）搜集了解农药新政策及信息

（1）了解国家有关农药管理的新政策和新动向，并及时调整经营方式，比如近年来国家在农药经营管理方面出现了一些新趋势和新动向，农药经营者要顺应并及时跟进，调整经营思路。

（2）收集农业信息。及时了解掌握当地病虫害的发生发展及流行趋势，了解农药最新发展动态，结合销售区域的农作物种植结构特点，对经营的农药种类和数量做好年度或季度规划，做到有针对性进货，避免盲目进货和产品积压。农药经销商应关注中国农药信息网或订阅相关农药杂志，及时了解各地相关农药管理情况，要充分利用互联网的资源优势，密切关注相关农药信息报导，搜集了解农药药害等案件。尤其应关注国家对农药产品质量监督抽查结果情况，农药经销商应从信誉和长远利益角度出发，引进并销售大品牌、质量信誉有保障、高效优质的产品。

（3）注意消费者信息反馈。农药经销商不能仅仅局限于卖药，还要密切关注和收集消费者对农药使用效果、安全性等信息的反馈情况，详细记录使用中存在的问题，例如，防效的好坏，是否对农作物产生药害，是否有人、畜中毒现象，对天敌等有益生物影响如何，农药残留、环境污染是否严重等，若发现问题要及时配合相关部门调查，及时向当地农药监管、植保部门以及农药生产企业反应，以便及时采取补救措施，在下一年度的农药经营中提高警惕，避免类似情形发生。

（三）开展门店宣传促销等活动

做好宣传促销活动，是农药经营成功的另一个关键因素。

1. 门店宣传拢人气

实力雄厚的大型农药经营店开业利用媒体广告、条幅、墙体等户外广告，或者参与其他公益或赞助活动等，提高知名度，扩大宣传范围。小型的农药经营店开业采用张贴广告宣传画等形式在店面内外进行宣传。广告等宣传形式应随着农时季节更替，并经常除旧换新。

2. 促销活动送实惠

充分利用生产厂家或代理商提供的宣传产品，采用一些贴近当地农民需求的买赠形式与内容，聚拢人气。促销活动事前要宣传到位，时间可选在农村集市等，并充分借助厂家资源，加大宣传力度。赠品要与农时及病虫害发生情况相对应，这样才能赢得推广效益。同时，还要注意做好促销活动意见收集，为下次活动做好准备。

3. 示范推广见实效

农药的药效和安全性，往往与农作物品种、使用时间、使用技术、施药方法、天气、土壤等因素密切相关。因此，对于农药新品种应先小面积试验示范，再逐步扩大范围宣传推广，确保农药使用技术，防治效果、作物药害影响等状况心中有数。

对于合作成熟的农药产品，要充分利用厂家样品，利用示范户和种植大户的带动作用开展试用推广，使消费者见到成效，扩大产品影响力。

（四）做好经销和服务的有效衔接

1. 发布病虫害预测信息

结合区域特点，针对示范户和种植大户，开展相应的病虫害预防预测信息服务。如在店内明示当地天气预报走势，主要农作物病虫害发生情况预测、用药注意事项等信息。一些大型的农药经销商与当地农作物种植大户建立了良好的服务关系，通过手机短信和不定期走访相结合的方式推进销售服务。

2. 提供专家咨询服务

近年来的实践证明，凡是农药店里有植保或农技专家坐店从事农药经营活动的，往往比不懂农药或单纯卖农药的效益要好很多。有条件的农药经营单位有必要聘请实践经验丰富的植保或农业专家坐店，为消费者提供咨询服务，解答消费者提出的问题，帮助消费者正确识别假劣农药和常见病虫害，提供经济有效的防治方法。

3. 做好售后服务

重视售后服务，一旦接到质量投诉或发生药害等安全事故时，在确认产品质量问题的情况下，一方面先行赔付消费者损失，及时帮助消费者采取必要的补救措施，使消费者的损失降到最低；另一方面，收集相关证据，要求生产企业派人查看现场，追讨赔偿，必要时通过法律维护消费者和自身权利。如果对事故处理得当，会在很大程度上提升经营者的知名度和信誉度，赢得消费者信任。

4. 创新服务方式

经销商的职责不仅限于把农药卖出去，如何使卖出的农药发挥最大的效益，成为当前一个鲜明的课题。目前，一些地方的大型农药经销商成立了专门的技术服务团队，开始探索新的经营模式，以提高农药的附加价值，比如承包病虫害防治及施药服务等。

第四节　农药纠纷处理

在发生农药对农作物病虫害的防治效果差、出现药害、造成农产品农药残留超标或人、畜中毒、环境污染等事故或纠纷后，农药经销商应该调查原因，并积极处理好有关事宜。

一、农药经营纠纷种类及前期处置

（一）防治效果不好

当使用者反映农药产品使用效果不好时，农药经营者应当及时收集其他农户使用该产品防效的情况，如有可能，进行实地调查，与其共同查询问题产生的原因。

1. 主要原因

（1）产品质量不合格。农药质量有问题势必会造成对农作物病虫害的防治效果差。如果农民使用其他厂家的同类农药防效好，仅使用该农药防效不好，则农药产品质量存在问题的可能性较大。

（2）未按标签规定使用。没有严格按照标签上注明的用药量、使用技术、防治作物和防治对象施药。

（3）标签违规。少数农药生产企业擅自修改标签，扩大已登记农药的使用范围，在未经正规试验的情况下大规模使用，使用效果不理想。

（4）环境气候影响。如果是个别地方反映达不到防效。则有可能是施用方法和气候等环境条件问题造成的，并不一定是农药质量问题。

（5）抗性问题。如果是非个别现象，农药经营者需对其他厂家的同类产品的防效做调查，如果防效也差，就有可能是由抗性或气候原因所致。

2. 前期处置

（1）收回已售出的产品。对涉嫌存在质量问题的农药产品应及时通知生产企业收回，不能再销售给其他农户，避免进一步造成损失。

（2）指导使用者及时进行补救。农药经销商应及时指导受害农户采取措施，更换农药品种，补充施药或采取其他补救措施，尽量降低损失。

（二）农作物药害纠纷

农药经营者在销售时，应正确向农户讲解农药的使用方法和安全使用注意事项等，以避免药害事件的产生。

1. 农作物药害发生的主要原因

（1）产品质量存在问题。包括在农药中添加国家禁用农药、未经登记农药成分、农药有效成分含量或主要技术控制项目不合格，或在农药产品中混有有害杂质等。如在玉米田除草剂中掺加烟嘧磺隆、在有机氯类杀虫剂中掺加有机磷类杀虫剂等，均易引发农作物药害。

（2）未按规定使用农药。农药使用者未按照标签规定的使用方法和注意事项施用农药，如将灭生性的除草剂用于作物上，将农药施用在敏感作物上等。此外，擅自加大用药量或重复施药、农药使用过程中的飘移、喷雾器清洗不干净等均会导致药害产生。

（3）气候环境影响。农药的安全性与气温、土壤水分条件和农作物生长状态等密切相关。如某些农药的使用未考虑干旱、高温、大风、湿度等气候条件，或者土壤有机质、田间水层等环境条件而引起农作物药害。如在极端气候条件下（春季低温、干旱或高湿）的特殊年份，或者局部地区持续低温、多雨，易引发氯嘧磺隆、乙草胺等对使用条件要求苛刻的农药发生药害事故。

（4）标签使用技术或注意事项等内容违规或不科学、不具体。少数农药生产企业擅自修改标签，扩大已登记农药的使用范围，在未经正规试验的情况下大规模使用易造成农作物药害。

（5）长残效除草剂造成下茬作物药害。少数除草剂在土壤中的残效期可达 2~3 年，对农作物轮作有严格的限定要求。由于我国农作物以小规模种植为主，农作物种植品种多、轮作复杂，农民种植取向基本取决于市场需要，无合理计划种植作物，加之经营者不向农民说明使用注意事项，易引起对下茬作物的药害。

2. 前期处置

发生农作物药害时，应及时通知生产企业回收已售出的产品，不能再销售给其他农户，避免进一步造成损失。农药经销商应在当地农业部门的指导下，帮助使用者及时采取措施，降低损失。

（1）及时用清水或碱水冲洗或进行洗田。如水稻田应先进行放水，然后在灌水、放水进行两次。

（2）及时剪除农作物药害部分。

（3）喷施微量元素叶面肥，提高作物抵抗力。追施速效肥以恢复作物长势。

（三）人、畜中毒事故

农药是有毒物质，在农药运输、销售和使用过程中操作不当，会引起人、畜中毒事件。经营者在销售时应问清购买者的农药用途（特别是高毒、剧毒农药），详细说明农药使用的安全防护要求，指导农民安全合理使用农药，降低人、畜中毒事件的发生概率。

1. 主要原因

（1）假农药。部分生产企业在农药产品中非法添加禁限用高毒农药，但在标签上未标注相关信息。使用者在不知情的情况下，按标注的农药使用，造成人、畜中毒。

（2）未按规定正确使用。主要是农民未按农药使用规程操作，如直接用手进行搅拌、撒施；在农药施用过程中未采取相应的安全防护措施；药剂接触人体皮肤；在高温天气长时间施用农药等。特别是如高毒农药，使用技术和防护措施要求高，如使用者防护措施不到位，极易引发人、畜中毒。

（3）未合理处置剩余的农药或施用过农药的农产品。部分使用者随意放置剩余的农药，或未将施用过农药的农产品与其他农产品区分，导致人、畜误食产生中毒。

（4）误服或人为服毒。未按规定正确存放农药时，极易导致农药误服，如小孩子误将农药当作饮料饮用，或者某些人选择购买农药用于自杀等。

（5）农药销售中引起的中毒。主要是销售人员用手长期接触农药包装物（沾有农药），或者未按规定实行售卖区与生活区分开，农药污染食品导致中毒发生。

（6）农药残留引起中毒。主要是在蔬菜、水果上违法使用了高毒农药，或者未按安全间隔期的规定采收蔬菜、水果，导致农药残留超标，从而引起中毒。

2. 先期处置

一旦发生人、畜中毒事件，农药经销商应及时协助受害人采取紧急救助措施，并携带农药标签尽快到就近的医院治疗，告知医生导致中毒的原因。

（1）经皮肤接触中毒者。及时转移中毒者到空气新鲜处，并清洗暴露部位皮肤，脱去污染的衣服。保持呼吸畅通。

（2）眼睛溅入者。立即用流动清水冲洗不少于15min，如仍感觉不适，应当尽快携标签到医院就诊。

（3）吸入中毒者。立即离开施用农药现场，转移到空气清新处，及时更换衣物、清洗皮肤，应当尽快携标签到医院就诊。

（4）经口摄取中毒者。应按标签标明的中毒急救措施采取及时救助，并立即携带农药标签到医院就诊。

（四）环境污染事故

1. 主要原因

（1）农药废弃包装物处置不当。由于我国目前尚未实行农药包装物回收制度，大多数农民在使用后将包装物扔在田边地头、林间草丛，或河沟里，易产生环境污染事故。

（2）假劣农药。部分生产企业在产品中非法添加了其他农药，虽增加了病虫害防治效果，但会污染环境。例如，前几年因农药产品中非法添加氟虫腈，引发大量蜜蜂、鱼虾死亡。

（3）特殊气候条件。在使用农药后发生暴雨等特殊气候条件，导致所施用的农药流入河塘，污染水域。

（4）标签使用技术或注意事项等内容违规或不科学、不具体。少数农药生产企业擅自修改标签，扩大已登记农药的使用范围，在未经正规试验的情况下易造成环境污染事故。

（5）使用者使用不当。

2. 前期处置

发生环境污染事故时，农药经销商应在当地环境保护、农业部门的指导下，帮助使用者及时采取措施，降低损失。

二、农药经营纠纷处理方式

根据我国《农药管理条例》和《中华人民共和国消费者权益保护法》的规定，经营的农药出现纠纷时，农药经销商应该及时调查问题或事故产生的主要原因，与农药使用者共同尽快采取相应的补救措施，收集相关证据并协助消费者处理好维权事宜。

（一）采取补救措施降低损失

根据调查确定事故产生的原因，及时向有关部门咨询，配合有关部门、农药使用者采取补救措施，进一步减少损失。发生药害时，采取补充施肥或施用合适的植物生长调节剂、加强农田管理等措施，尽可能减少损失。情况严重时，及时补种或改种其他作物，避免贻误农时。

（二）收集并保留证据

1. 收集证据

接到消费者反映后，农药经销商应协助使用者收集现场证据。施用农药或药害的作物就是农药造成损害的现场证据。因农作物药害的典型表现期短，在保护好药害现场的同时，应立即向当地农业部门、工商部门或公安机关反映，请他们通过摄像、照相等手段来记录田间造成损害的情况，为下一步鉴定工作打下基础。

2. 查验农药购销凭证

及时查看消费者提供的农药购买凭证，确认是否为本店出售的产品。查找与生产企业的购货合同及相关凭证，及时与农药生产企业联系，告知农药纠纷事宜。

3. 保存好相关农药的包装物等

农药经销商应保存好发生纠纷的农药产品，暂时不再予以销售。有条件的，可以将同批次产品送到有检测资质的单位进行检验，进一步确认产生纠纷的原因，以便分清责任，及时解决问题。

4. 申请鉴定

可以向当地农业主管部门或者有资质的鉴定机构提出申请，请他们依法组织农业科研教学、应用推广和管理等部门专家对药害事故进行技术鉴定，并形成书面鉴定意见。

（三）依法维权

农药经营者应当根据事故产生的具体原因，凭相关证据划清主要责任，依据《中华人民共和国消费者权益保护法》《中华人民共和国产品质量法》和《农药管理条例》等规定予以处理。

1. 与受害者协商和解

因售卖假劣农药产品造成损害时，应根据有关部门做出的技术鉴定，对农药使用者予以先行赔偿。在赔偿后，可以向生产企业追偿，以弥补损失。

2. 向政府有关主管部门申诉或要求消费者协会调解

对于无法认清责任的纠纷，可以与受害者一起向有关行政主管部门（包括各级农业行政管理部门、工商行政管理部门等）申诉，或者要求消费者协会出面进行调解。

3. 向人民法院起诉

司法途径是解决农药纠纷的有效途径，农药经销商在与生产企业追偿过程中，无法达成一致意见的，应向人民法院起诉，提供相应的购销台账、检测报告、专家鉴定报告等，要求生产企业赔偿经济损失，依法维护自身合法权益。

处理农药事故纠纷，情况十分复杂。作为农药经营者，严格把好进货关，保留相关进货凭证或证件，开好农药销售处方，切实履行对使用者的告知义务和指导责任，是划清责任、保护自身合法权益的根本。

第五节　农药促销的途径和策略

一、促进销售的概念

促进销售（简称促销），其含义就是以人员的或非人员的方法，协助或促进可能的顾客购买某项商品或接受服务。农药产品的促销是指农药生产及经营企业采取一定的宣传、推广方式，将农药产品的信息传递给农民及经营企业帮助用户认识该产品的性能、特征及带来的利益，进而引起注意，激发起购买欲望和购买兴趣，最后实现其购买行为的手段。随着现代市场营销观念的建立和日益被社会所接受，促销活动的范围已远远超过以往，它不仅仅是一种单纯的促成商品所有权转移的商业行为，而且还在于通过促销活动，创造需求，进而促使整个社会生产的发展和繁荣，维持一定的生活水平。从这个意义上说，促销不仅仅是一种

“推销”而且还是一种“沟通”，所以促销活动还包括商品售后为用户提供真诚而周到的服务，并通过市场调研活动，及时掌握用户需求和爱好的信息，以便将来更好地满足他们的需要。

二、沟通信息的方式及程序

沟通市场信息是促进销售的前提条件，在促销的活动中，需要在买卖双方之间互通信息增进了解。其间，主要又是卖方向买方传递其提供的产品或服务的信息，并通过市场信息反馈，了解和适应消费需求，为促进购买行为创造有利的条件：沟通信息的方式可分为两类：一是单向沟通即通过报刊、电台、橱窗陈列等形式向消费者传播信息；二是双向沟通即通过营销人员与买方直接面对面的方法。这种方法，买卖双方都是信息的发出者，同时也是信息的接收者，如上门推销，现场销售等。

信息传递过程中有以下几个基本环节。

第一个环节是传达人（企业），为了把信息传达给接受人（消费者），必须把信息“译出”，即转化为接受人所能懂得的语言或图像等形式。

第二个环节是接受人要把信息转化为自己所能理解的东西，必须对信息进行“译进”。

第三个环节是接受人对“译进”信息的反应，然后把这种反应传递给传达人，这个过程称为“反馈”其“译进”即消费者对信息的理解是最不容易控制的一个环节，应当引起足够的重视。

三、促销基本策略

农药产品促销方式主要有人员推销、广告、营业推广和公共关系等多种形式。企业的促销策略，就是对促销方式的选择组合和运用。

促销的基本策略，总的可分为拉引策略和推动策略。

拉引策略就是企业先通过广告等直接面向最终消费者（农民）的强大促销攻势，把新的产品介绍给最终消费者，使之产生强烈的购买欲望，形成急切的市场需求，然后“拉引”中间商纷纷要求经销这种产品。

在市场营销过程中，由于中间商与生产商对某些产品的市场前景有不同看法，很多新产品上市时，中间商往往因过高估计市场风险而不想推销。在这种情形下，厂商只能先向消费者直接推销，然后拉引中间商经销。目前这种促销方式较多。厂家采用电视、报纸、电台、会议等媒介进行大量的广告宣传，使消费者产生购买欲望，纷纷到农药经销部门咨询、购买，促使经营部门要求生产厂商供货，拉引经销部门经销，使产品迅速打开市场。当然这种方式也存在前期投入风险大的缺点。

推动策略则是厂商以人员推销为主要手段首先争取中间商的合作，利用中间商的力量把新产品推向市场，推向消费者。

推动策略是在厂商与中间商对新产品的市场前景看法比较一致，双方愿意合作的前提下经常采用的手段。运用这种策略，对厂商来说，较之拉引策略风险小，推销周期短，资金回收快，但其前提条件是必须有中间商的共识与配合。

通常情况下，企业也可以把上述两种策略合起来运用，在向中间商进行大力促销的同时，通过大量的广告刺激市场需要。

在“推动”的同时进行“拉引”，即又推又拉，用双向流动策略最为有效。河北宣化农药厂在40%乙·莠悬浮剂（乙阿合剂）的促销过程中采用了又推又拉的策略，在生产销售上取得了巨大成功。首先他们利用具有丰富植保知识的销售人员与中间商的共同努力宣传推广产品，使农民认识到利用除草剂防除玉米田杂草省工、省力、省钱及效果好的优点，通过电视、报纸等媒介广泛宣传，引导农民利用除草剂防除玉米田杂草，使农民产生购买欲望，进而又调动各级中间商经营的积极性，从而迅速占领了市场。

四、促销策略组合

促销策略组合就是有目的、有计划地将多种促销形式配合起来综合运用，形成一个整体促销策略。促销策略组合又可分为人员推销和非人员推销。

人员推销是企业通过自己的推销员或委托销售代理机构直接和顾客联系，进行推销商品的活动。非人员推销时以采用广告的方式，也可采用多种营业推广活动和公共关系的方式。广告是以广告主的名义，利用传播媒体向顾客传递有关产品的信息。营业推广指运用折扣、咨询、展销、示范等现场促销的方式，促使农民采取购买行为。

不同的促销方式应依据其产品特性灵活运用，3 种促销方式各有优缺点（表 6–1）。

表 6–1 不同促销方式的优缺点比较

促销方式	优点	缺点
人员推销	推销方法灵活，容易激发兴趣，促成及时成交	费用较大，人才难觅
广告	触及面较广，易引起注意，多次运用可将信息艺术化，加深印象	说服力较小，难以促成即时购买行为
营业推广	吸引力较大，能改变顾客的购买习惯	可能引起顾客的顾虑或不信任

另外，制定促销策略还应考虑产品所处的不同市场寿命周期阶段根据产品不同的寿命周期阶段采用相应的促销方式（表 6–2）。

表 6–2 产品市场寿命周期各阶段的促销重点和方式

阶段	促销重点目标	促销方式
导入期	建立商品的“知晓度”	广告和人员推销
成长期	建立商品的“知名度”	广告着重宣传厂牌、商标，配合人员推销
成熟期	建立产品的“创新度”	广告着重宣传产品的改进、新特点、配合人员推销
衰退期	建立产品的“偏爱度”	提示性广告，主要是营收推广
全周期	建立信任感，消除不满意感	改变广告内容，利用公共关系

促销策略组合要从企业的市场营销总体战略出发，有目的、有计划地把各种促销方式合起来，综合利用，形成促销策略。同时，使促销策略与营销组合的其他策略相互协调配合，建立起企业的整体销售战略，进而形成具有自己特点的营销体系。

五、人员推销

（一）人员推销的特点

人员推销是一种双向沟通的直接销售方法。人员推销是自商品交换产生后就出现的一种最古老的推销方法。人员推销的不足之处：一是费用开支较大，增加产品成本，在一定程度上会影响企业扩大市场占有率和市场竞争力；二是对推销员专业素质要求较高；三是推销人员易受推销地域的限制。因为不同地区的农业生产特点及种植结构差异较大，推销员在一地区适应后，到另一地区去不一定能很快适应。

（二）推销员的选择

推销人员既是开拓市场的先锋，也是用户的顾问，所以必须有良好的素质。特别是许多中小型农药生产和经营企业的实践证明，一个小企业有几个优秀的推销员，往往可以使企业迅速摆脱困境。

一般来讲作为农药推销人员应具备以下一些基本条件。

（1）强烈的事业心和服务精神。农药推销人员必须以谋求企业与农民朋友的共同利益为己任，热心为客户、为农民服务，在此基础上创造良好的推销产品的机会。

（2）丰富的业务知识和良好的职业道德作为农药企业的推销人员不同于其他商品的销售人员。他们必须具备丰富的农药、植保知识，同时具备一定的商品营销知识，熟悉企业、产品、用户、市场等。

在企业知识方面，要知道企业的历史，在同行业中的地位，企业的经营战略和营销策略，生产的产品种类以及交货方式和付款条件等。

在产品知识方面，要了解本企业农药产品的防治对象，药效期、毒性、安全间隔期、适用作物及不同防治对象的使用浓度、时间和方法，对哪类作物易产生药害及影响药效的因素等。同时还要了解其他厂家同类型产品的基本情况。

在用户知识方面，要了解用户的经济实力（付款能力）、信用度、在最终消费者中的口碑、采购条件及采购决策者等。

在市场知识方面，要了解用户和潜在用户的情况，用户是重视质量还是重视价格。

（3）具有良好的气质和语言表达能力。推销员仪表与风度要端正，热情，友善，思维敏捷，口齿流利，说话具有感染力。

（4）熟练的推销技巧。要有善于与人交往的本领，能很快地接近客户并使人产生良好印象和信任感，要善于选择时机，对不同的客户要有不同的洽谈方式；要有耐性，不急于求成，生意不成友情在；文明礼貌，举止适度，善于在比较中说服对方，切忌同客户发生争论。

（三）人员推销的任务和顺序

人员推销的基本任务是通过推销员以口头说服的方式，向客户介绍自己的农药产品，说服他们购买，并在推销活动中向客户提供尽可能多的服务，以提高企业的信誉，扩大企业农药产品的市场。当推销人员掌握了必备的信息资料后，就必须善于拟定对预计购买者或客户进行推销的计划，主要有以下几个方面的内容。

（1）预计销售量。根据购买者潜在购买量请和购买的可能程度，把购买者划分为若干等级，以确定推销重点。例如，一个潜在的购买量为200 000元，购买概率为70%的顾客，就比一个潜在购买量为300 000元，而购买概率为30%的客户理想得多。预计工作可以使推销人员有效地利用时间，增加销售量和收益。

（2）确定推销路线。有效地推销路线就是与客户和预计购买者洽谈的先后顺序，主要是避免无谓旅行，节约推销费用。

（3）安排推销访问。推销员应该在正式推销洽谈前安排推销访问，以减少那些达成交易可能性不大的洽谈，尽量减少在无购买兴趣的氛围中占用时间。

（四）实施推销活动

在制定推销计划之后接下来就要实施推销活动，主要有两个步骤。

一是引起客户的注意和兴趣，在推销过程中，推销人员要尽量引起客户的注意和兴趣，主要方法是说明企业的农药产品的独特性能、防效及销售优惠政策等。

二是促进购买欲望。当客户对企业的农药产品表现出兴趣和注意力时，推销员应通过自己的行动进一步推动客户做出购买决定。例如，推销员在客户产生兴趣后，向他们提供农药产品的鉴定书、田间药效试验报告等促使客户购买。

一般实施推销活动过程中应注意以下两个方面。

（1）正确处理反对意见。一个好的推销员应该善于处理各种反对意见，其方法是事先对各种可能出现的反对意见做出估计，设计相应的对策。在推销过程中，面对反对意见，必须进行实事求是的解释，从而消除客户的疑虑。

（2）达成交易。当推销人员在发现客户被说服产生一定的购买意向时，必须抓住时机提出售货要求。在这一环节，推销员应尽量减少客户的选择方案，促成他们迅速做出购买决定。同时还应提供可能做到的销售服务及质量保证条件，以减轻客户的疑虑，增强其购买决心。

（五）人员推销的结构

根据目前我国农药市场销售现状，农药人员推销主要有两种结构。

（1）按地区组成的推销结构。每一个推销人员负责一定区域内独自推销企业的各种农药产品。这种结构首先有利于明确推销人员的责任，鼓励他们努力工作；其次可以鼓励推销人员与当地各部门加强联系，有利于提高推销效率；最后可以减少旅行费用。

（2）按产品种类组成的推销结构。即每个推销员分别负责某一类或若干类农药产品的推销，这种结构的好处是使推销员熟悉其推销的农药产品，有利于加强推销时的辅助作用，但当一家客户购买多种产品时出现重复推销现象，故在农药产品推销时利用较少。

（六）农药推销人员如何选择理想的经销商

目前我国农药市场的现状是供大于求，这种趋势可能还要维持下去。在激烈的市场竞争中，各农药企业为其自身的生存和发展，正在逐步建立和完善具有本企业特色的农药营销网络。农药营销网络是一个综合体系，它包括农药企业内部的销售网络、服务网络、商情网络、客户网络等。在这个体系中，农药经销商是构成各个网络的点，各个网络的构造和完善都是围绕农药经销商而进行的。农药营销网络的优劣是评价一个企业营销能力高低的最重要指标，因此推销人员选择适合于本企业产品销售的农药经销商则显得至关重要。

推销人员特别是新的推销人员在选择农药经销商时应注意以下几个方面。

（1）应仔细考察、筛选、确定经销商。经销商不但要具备在当地有销售网络体系，而且必须具备有门面及工商、税务等方面的合法手续，具备农药经营许可证，且有存储、配送、促销、服务等多种能力，店面整洁，员工素质高，行为规范。同时还要考察经销商是否有与本企业产品相同或防治对象相同的其他厂家同类产品，有无特约经销的牌子，其价格、销量如何，如何进行销售运作等。在此基础上，通过运用一定的技巧进一步了解经销商的财务能力，如注册资金与实际投入资金是否相符与宽裕？必备的经营设施是否能承受目前业务？资金周转率如何？放账的程度如何？赊欠其他农药厂家货款的程度如何？有无欺诈行为和现象等。当然要了解这些销售“机密”一定不能比经销商引起反感，否则适得其反。

（2）考查经销商的信誉能力。经销商的信誉是至关重要的，信誉差的经销商即使销量再大，对于销售人员和企业来讲都是一颗时刻可能爆炸的炸弹。了解一个经销商的信誉能力如何，最简单的办法之一就是多听多问；在走访过程中可以与客户交谈，包括与客户的客户交谈；与其他农药厂的销售人员交谈，与店面的营业人员交谈，还可与当地的新闻媒体、政府单位的管理人员交谈等。通过多渠道的了解从而判断出经销商在同行的口碑如何？各农药厂家对其评价如何？其下级经销商及农民评价如何？从而对一个经销商的信誉能力做出较为客观的判断。

（3）考查经销商对市场的运行和管理能力。主要考查经销商在经销其他品牌的产品能否达到市场目标（主要是销售额）；经销产品覆盖率；批发、零售能力（包括有几级批发或销售网络）；销售网络能否渗透到周边；批发、直销手段能否控制价格，促销手段是否科学有效；有无长期经营发展的战略和做法；货物流向控制能力如何等。

在上述认真考查的基础上，最终选出一个既有经济实力，又有推广和销售能力，同时又信誉良好的客户。一般来讲，在开辟一个新的农药市场时，如果推销人员能够做到对经销商的上述考察内容，就基本能开辟一个成功一个，从而尽快建立起具有本企业特色的农药营销网络。

主要参考文献

胡国安，孙福华，李红莲，2018. 农药安全使用与经营［M］. 北京：中国农业科学技术出版社.
农业农村部农药检定所，2018. 新编农药经营人员读本［M］. 北京：中国农业出版社.
童军，2018. 农药经营人员培训实用教材［M］. 武汉：武汉大学出版社.
张永平，2018. 农药植保基础知识与相关法规［M］. 昆明：云南科技出版社.

附录 禁限用农药名录

日期：2019-11-29 来源：农业农村部农药管理司

《农药管理条例》规定，农药生产应取得农药登记证和生产许可证，农药经营应取得经营许可证，农药使用应按照标签规定的使用范围、安全间隔期用药，不得超范围用药。剧毒、高毒农药不得用于防治卫生害虫，不得用于蔬菜、瓜果、茶叶、菌类、中草药材的生产，不得用于水生植物的病虫害防治。

一、禁止（停止）使用的农药（46种）

六六六、滴滴涕、毒杀芬、二溴氯丙烷、杀虫脒、二溴乙烷、除草醚、艾氏剂、狄氏剂、汞制剂、砷类、铅类、敌枯双、氟乙酰胺、甘氟、毒鼠强、氟乙酸钠、毒鼠硅、甲胺磷、对硫磷、甲基对硫磷、久效磷、磷胺、苯线磷、地虫硫磷、甲基硫环磷、磷化钙、磷化镁、磷化锌、硫线磷、蝇毒磷、治螟磷、特丁硫磷、氯磺隆、胺苯磺隆、甲磺隆、福美胂、福美甲胂、三氯杀螨醇、林丹、硫丹、溴甲烷、氟虫胺、杀扑磷、百草枯、2,4-滴丁酯。

注：氟虫胺自2020年1月1日起禁止使用。百草枯可溶胶剂自2020年9月26日起禁止使用。2,4-滴丁酯自2023年1月29日起禁止使用。溴甲烷可用于“检疫熏蒸处理”。杀扑磷已无制剂登记。

二、在部分范围禁止使用的农药（20种）

通用名	禁止使用范围
甲拌磷、甲基异柳磷、克百威、水胺硫磷、氧乐果、灭多威、涕灭威、灭线磷	禁止在蔬菜、瓜果、茶叶、菌类、中草药材上使用，禁止用于防治卫生害虫，禁止用于水生植物的病虫害防治
甲拌磷、甲基异柳磷、克百威	禁止在甘蔗作物上使用
内吸磷、硫环磷、氯唑磷	禁止在蔬菜、瓜果、茶叶、中草药材上使用
乙酰甲胺磷、丁硫克百威、乐果	禁止在蔬菜、瓜果、茶叶、菌类和中草药材上使用
毒死蜱、三唑磷	禁止在蔬菜上使用
丁酰肼（比久）	禁止在花生上使用
氰戊菊酯	禁止在茶叶上使用
氟虫腈	禁止在所有农作物上使用（玉米等部分旱田种子包衣除外）
氟苯虫酰胺	禁止在水稻上使用